Martina Rosenberg

Wege aus der Pflegefalle

*Die Eltern pflegen –
ein eigenes Leben führen*

FREIBURG · BASEL · WIEN

MIX
Papier aus verantwor-
tungsvollen Quellen
FSC® C083411

© Verlag Herder GmbH, Freiburg im Breisgau 2015
Alle Rechte vorbehalten
www.herder.de

Satz: Layoutsatz Kendlinger Mediendesign, Freiburg
Herstellung: CPI books GmbH, Leck

Printed in Germany

ISBN 978-3-451-31570-1

INHALT

Vorwort 7

1. Was bin ich mir wert? 11
2. Kinder sind nicht automatisch die Pfleger der Eltern 31
3. Schicksalhafte Entscheidungen oder: Wenn Eltern Hilfe verweigern 51
4. Die Pflege zuhause – Kann sie gelingen? 69
5. Wenn nichts mehr geht 93
6. Familie redet mit! 115
7. Die Sache mit dem schlechten Gewissen 131
8. Der finanzielle Ruin und wie Sie sich davor schützen 145
9. Individuelle Lösungen – Was passt für wen? 175
10. Die Last mit der Aufopferung 181

Anhang..................................... 193

Danksagung 208

VORWORT

Liebe Leserinnen und Leser,

das Jahr 2013 wurde zu einer großen Überraschung für mich. Nach der Veröffentlichung meines ersten Buches „Mutter, wann stirbst du endlich" sind Hunderte von Menschen in der einen oder anderen Weise auf mich zugekommen und haben mir ihre Geschichte erzählt. Oder sie haben sich einfach nur dafür bedankt, dass ich die Probleme und die zwiespältigen Gefühle, denen ein pflegender Angehöriger oft ausgesetzt ist, an die Öffentlichkeit gebracht habe.

Meine persönliche Geschichte als pflegende Tochter begann im Jahr 2003, als bei meiner Mutter die ersten Anzeichen der Demenz immer deutlicher wurden. Ein paar Jahre zuvor zogen mein Mann, meine Tochter und ich in das Mehrfamilienhaus meiner Eltern. Was anfangs wunderbar gelang, wurde mit dem rasanten Verlauf der Demenz meiner Mutter immer schwieriger. Mein Vater erlitt parallel einen Schlaganfall und kämpfte zunehmend mit einer Depression. Die Pflege meiner Eltern zu organisieren, die Existenzgrundlage nicht zu verlieren und meine Tochter durch den Schulhorror möglichst erfolgreich zu begleiten – all das wurde zu einer schier unlösbaren Lebensaufgabe. Allen Anforderungen wollte ich unbedingt gerecht werden, und ich habe mich selbst dabei fast verloren. Aber nicht nur ich, sondern auch mein näheres Umfeld hat wie selbstverständlich angenommen, dass dieser Berg an Aufgaben zu schaffen sei.

Es dauerte lange, bis ich begriff, dass dies alles auf Kosten meiner Gesundheit und auf Kosten meiner eigenen Familie ging. Kurz bevor ich den Halt verloren hätte, habe ich die Reißleine gezogen und entsprechende Konsequenzen gezogen.

Ich habe die intensive Pflege meiner Eltern und die Nähe zu ihnen abgebrochen, um mich in mein eigenes Leben zurückzukämpfen.

Nach dem Tod meiner Eltern wollte ich die Geschichte öffentlich machen, um aufzuzeigen, wie schwierig es trotz aller Bemühungen ist, einer Pflege gerecht zu werden. Und welche Gefühle Kinder haben können, die in eine solch schwierige Pflegesituation rutschen.

In diesem Zusammenhang bin ich sehr oft gefragt worden, welche Tipps ich geben kann, um diese schwierige Zeit mit möglichst wenigen Blessuren zu überstehen. Und immer wieder stellte man mir die Frage: Was hätte ich besser machen können, wüsste ich das, was ich heute weiß?

Das hat mir gezeigt, dass viele Menschen in Deutschland in einer ähnlichen oder vergleichbaren Situation sind oder waren wie ich für viele Jahre.

Und ganz sicher werden es immer mehr Menschen werden, die plötzlich in einer Pflegefalle stecken und keinen Ausweg daraus finden. Sie geraten immer weiter in den Strudel der Abhängigkeit ihrer Eltern und können sich aufgrund ihrer moralischen Bedenken, dem gesellschaftlichen Druck oder auch bedingt durch ihr eigenes Verantwortungsbewusstsein nicht daraus lösen.

In diesem Buch will ich Ihnen unterschiedliche Lösungsansätze zu den einzelnen Pflegesituationen vorstellen. Es geht aber auch darum, zu erkennen, dass wir keiner biologischen Fessel unterworfen sind. Fürsorge, Verantwortungsgefühl oder Liebe können nicht einzig im Erbgut begründet sein. Nein, vielmehr müssen sie ein Leben lang genährt und erhalten werden. Und sie müssen gegenseitig erbracht werden. Mit diesem Buch und den vielen Beispielen aus der Praxis will ich den gesellschaftlichen Druck nehmen, der besonders auf uns Frauen lastet. Manche Probleme lassen sich besser lösen, der Umgang mit ihnen lässt sich erleichtern, wenn man die Ursache dafür versteht.

Wer sich über seine eigenen Möglichkeiten im Klaren ist und erkennt, was er selbst an Fürsorge aufbringen kann, sollte es auch schaffen, eine schwierige Pflegesituation mit den Eltern ohne große Blessuren zu meistern. Dieses Buch soll Ihnen eine Hilfe dabei sein.

1. WAS BIN ICH MIR WERT?

Vielleicht denken Sie jetzt: Was für eine blöde Frage. Woher soll ich denn wissen, was ich mir selbst wert bin? Was hat das denn mit der Pflege zu tun?

Sehr viel, wie ich finde und auch im Laufe des Kapitels erklären werde.

Häuser oder Autos haben einen Wert, aber haben auch Menschen einen Wert? Und wie lässt sich dieser Wert genau feststellen und bemessen? Sicher nicht in Geld oder anderen materiellen Dingen, wie Sie vermutlich schon ahnen. Ihr eigener Wert ist stark mit Ihrem Selbstwertgefühl gekoppelt. Genau dafür habe ich dieses Kapitel geschrieben. Erkennen Sie Ihren eigenen Wert für sich selbst. Nicht gemessen an anderen Personen, Freunden oder Familienangehörigen.

In diesem Kapitel geht es nur um Sie! Sie sollen für sich erkennen und festlegen, was in Ihrem Leben wichtig ist und auf keinen Fall verschwinden darf. Nur so können Sie Verantwortung für Ihr eigenes Leben und das von anderen übernehmen.

Beispiel Anna

Nehmen wir doch mal das Beispiel von Anna K. Sie ist in dörflichen Strukturen groß geworden. Der Ort, an dem sie neben zwei weiteren Kindern geboren wurde und aufgewachsen ist, zählt rund 4000 Einwohner. Anna ist die Älteste von den drei Kindern und die einzige Tochter. Mit 20 Jahren lernt sie ihren Mann Erwin aus dem Nachbarort bei einer Party mit Freunden kennen. Drei Jahre später heiraten die beiden, und wieder fünf Jahre später bekommen sie zwei Kinder. Das Geld reicht nie aus, weswegen Anna sehr früh nach ihren Schwangerschaften wieder zu arbeiten anfängt. Von 8 bis 13 Uhr ist sie in einer Anwaltskanzlei als Rechtsanwaltsgehilfin tätig. Ihr Bruder, drei Jahre jünger, bekommt sein Leben nicht richtig in den Griff. Ständig ruft er bei seiner Schwester an und bittet sie um Hilfe im Haushalt. Eine Freundin hat er im Augenblick nicht. Anna hat Mitleid mit ihm und unterstützt ihn, wo es nur geht. Der Vater stirbt früh an einem Schlaganfall, der ganz plötzlich kam. Zwei Tage lag er auf der Intensivstation, bis der Tod eintrat. Anna verbrachte 48 Stunden am Bett ihres Vaters. Sie tröstete die Mutter, die Brüder und meldete sich für die Zeit neben dem Sterbebett ihres Vaters bei ihrem Arbeitgeber krank.

Beide Brüder hatten große Probleme, mit der weinenden Mutter und dem sterbenden Vater umzugehen, und blieben nur kurz am Sterbebett. Die meiste Zeit war Anna mit ihrer Mutter allein. Ihr Mann kümmerte sich inzwischen um die beiden Kinder, die mittlerweile in der Pubertät waren und zunächst gut alleine zurechtkamen. Als der Vater gestorben war, kümmerte sich Anna um die Beerdigung. Für Trauer hatte sie keine Zeit. Dem Arzt spielte sie eine Krankheit vor, um eine weitere Woche Krankschreibung zu erhalten. Den Jahresurlaub hatte sie bereits in der Ferienzeit ihrer Kinder verbraucht. Sie raste zu den Behörden, telefonierte mit ihren Brüdern und saß nachmittags bei ihrer Mutter, die den Tod des Vaters nicht verkraftet hatte und stark abbaute. Jeden Abend rief ihr jüngster Bruder an und lud noch obendrein all seinen Frust über den frühen und plötzlichen Tod des Vaters bei ihr ab.

Während sie endlose Zeit am Telefon verbrachte, saß ihr Mann allein vor dem Fernseher. Er sagte in der ganzen Zeit nichts zu ihr, fühlte sich aber immer mehr von seiner Frau zurückgesetzt, in deren Leben es seit Monaten nur noch um die Mutter, den Bruder und um Behördengänge ging. Er kam eigentlich gar nicht mehr vor.

Annas Mutter lebte allein zuhause und wurde von Monat zu Monat immer unselbstständiger. Anna fühlte sich verpflichtet, jeden Mittag nach ihrer Arbeit bei ihr vorbeizufahren und das Mittagsessen zu bringen, das sie am Vorabend gekocht hatte. Die Mutter wünschte sich frisch gekochtes Essen von ihrer Tochter und lehnte alles andere ab.

In dem ganzen Trubel vergaß Anna ihren Mann und ein bisschen auch die Ansprüche ihrer Kinder. Ihr Leben begann ihr mehr und mehr zu entgleiten. Nach einem Jahr war sie nur noch ein Schatten ihrer selbst. Tiefe Augenringe prägten ihr Gesicht, das kaum noch ein Lächeln zustande brachte. In all ihrem Eifer bemerkte sie gar nicht, dass sie nur noch selten ein Wort mit ihrem Mann wechselte.

Wenn sie abends erschöpft neben ihm aufs Sofa fiel, schlief sie meist gleich ein. Die Wochenenden verbrachte sie bei ihrer Mutter oder kümmerte sich um den eigenen Haushalt, für den sie unter der Woche kaum mehr Zeit fand. Ein Besuch beim Friseur war in weite Ferne gerückt, ganz zu schweigen von der Möglichkeit einer gemeinsamen Freizeitaktivität mit ihrer Familie. Nach zwei Jahren brach alles zusammen. Ihr Mann zog aus der gemeinsamen Wohnung direkt zu seiner neuen Freundin. Anna hatte von all dem nichts mitbekommen und war völlig überrascht. Wie konnte das passieren? Anna fühlte sich ungerecht behandelt. Wo sie doch immer nur für andere da war und es jedem recht machen wollte.

Ihre Kinder haben gerade mal eben so den Schulabschluss geschafft und sind auch auf dem Sprung in ihr eigenes Leben. Annas Arbeitgeber war mit ihrer Leistung unzufrieden und machte ihr auch noch Stress.

Im August letzten Jahres erreichte mich ihr Brief:
Seit 1995 versorge und pflege ich ohne Haushaltshilfen und dergleichen. Mein Vater ist zwar verstorben, aber seit dieser Zeit braucht mich meine Mutter sechsmal die Woche.

Beide Kinder brauchten extrem viel Unterstützung in der Schule und Schicksalsschläge wie ein schwerer Unfall meiner Tochter machten mein Leben noch schwieriger.

Meine Ehe ist total kaputtgegangen (mein Mann hat mich kein einziges Mal unterstützt), und in der gleichen Zeit hatte ich noch eine ledige Tante zu versorgen.
Meinem Bruder mache ich immer noch Haushalt und Wäsche.
Und warum? Weil ich nicht den Mut gehabt habe und auch immer noch nicht habe, zu sagen N E I N.
Ich glaube, ich hab alles durchlebt, was man durchleben kann, und ich bin froh, wenn alle gestorben sind. Dann beginnt vielleicht – ich bin jetzt 50 – mein Leben.

Anna hätte sich die Frage stellen sollen: Lebe ich das Leben, das ich leben will?
Die Antwort liegt auf der Hand. Längst war es nicht mehr ihr Leben, das sie lebt, sondern ein fremdbestimmtes Leben, in das sie hineingerutscht war. Niemand hatte sie gefragt, ob sie ihr Leben so leben will, und niemand wird sie je fragen, ob sie damit zurechtkommt. Ändern könnte nur sie alleine es.

> **Eine Checkliste mit folgenden Fragen hilft in dieser Situation:**
>
> - Kann ich noch viele Jahre in meiner jetzigen Situation leben?
> - Was ist mir in meinem Leben wichtig?
> - Habe ich Zeit für mich selbst?
> - Wen kann ich um Hilfe bitten?
> - Habe ich oft das Gefühl, meine Koffer packen zu müssen und für immer wegzugehen?

Allein die Beschäftigung mit diesen Fragen und deren Beantwortung geben einen ehrlichen Hinweis auf ihre momentane Situation.

Was kann ich für meine Eltern tun, ohne dabei selbst zu verschwinden?

Ein Frage, der Sie sich unbedingt stellen müssen und die Klärung verlangt. Und zwar am besten noch, bevor die Pflegesituation bei einem der Elternteile eintritt. Damit Ihnen nicht das Gleiche passiert wie Anna, müssen Sie sich Ihrer Verantwortung gegenüber Ihrer eigenen Familie und Ihren Freunden bewusst werden. Auch die Verantwortung, die Sie sich selbst gegenüber haben, spielt eine maßgebliche Rolle.

Hilfe anbieten, die Eltern in ihrer Not unterstützen und ihnen helfen, ist richtig, aber nicht um jeden Preis. Anna hat ihren Mann verloren und letztendlich ihr Selbstwertgefühl. Doch vermutlich hatte sie schon vorher ein Problem mit ihrem Selbstwertgefühl. Wie sonst lässt es sich erklären, dass sie nie Nein sagen konnte und stets alles für andere getan hat, ohne dabei auf sich zu achten?

Wer nur für andere da ist und sich selbst immer in die hinterste Reihe stellt, dem fehlt die Liebe zu sich selbst. Aber diese Liebe ist Grundvoraussetzung für ein glückliches und zufriedenes Leben. Nur wer auf sich selbst achtet und sich wertschätzt, kann auch für andere da sein. Andersherum betrachtet führt ein mangelndes Selbstwertgefühl dazu, dass wir alles tun, um Anderen zu gefallen. Das bedeutet auch, dass ein Mensch mit mangelndem Selbstwertgefühl nicht in der Lage ist, etwas abzulehnen. Die Gefahr und Angst ist groß, in Missgunst des Anderen zu geraten, schlimmstenfalls dessen Sympathien zu verlieren.

Also was bleibt dann, als immer Ja zu sagen?

Die Kunst des NEIN-Sagens

Wenn Sie jemand sind, der es selten ablehnt, anderen einen Gefallen zu erweisen, würde ich nicht gleich behaupten, dass Sie über ein mangelndes Selbstwertgefühl verfügen. Sollten diese Gefallen allerdings ihr Leben dermaßen beeinflussen wie in der obigen Geschichte von Anna, wäre es durchaus an der Zeit, darüber nachzudenken, ob Sie an Ihrem Selbstwertgefühl arbeiten müssen. Sie kennen sicher den Satz aus der Bibel: „Liebe deinen Nächsten wie dich selbst."

Nun bin ich zwar kein gläubiger Mensch, und ich nehme auch an, dass dieser Satz viel schwieriger zu leben ist, als er sich liest. Aber zieht man in Betracht, dass viele Menschen ihre Eigenliebe sträflich vernachlässigen oder gar verkümmern lassen, bekommt dieser Satz einen ganz anderen Schwerpunkt. Ich möchte ihn einfach einmal umdrehen: „Liebe dich selbst, wie du deinen Nächsten liebst." Dann würde Anna in unserer Geschichte sich mehr Zeit für sich und ihre Familie nehmen und ihrem Bruder auch mal eine Bitte ablehnen, wenn der wieder mit seiner Wäsche vor der Tür steht. Anna könnte sagen: „Komm rein, Bruder, aber heute musst du die Wäsche woanders abgeben. Ich schaffe das leider nicht mehr. Mutter braucht mich mehr denn je."

Üben Sie vor dem Spiegel, NEIN zu sagen

Freundlich und dennoch bestimmt zu sein ist schwer. Anna hätte das vorher im Spiegel trainieren oder diesen Satz immer wieder im Kopf durchspielen können. Es braucht Übung und ein Stück Überzeugung, bis sie es schaffen wird, eine Bitte abzulehnen. Wahrscheinlich wirkt es beim ersten Mal etwas holprig. Aber die Botschaft kommt an, und das ist es doch, worauf es ankommt.

Werden Sie nicht zum Ja-Sager. Besonders Frauen neigen dazu, sich sämtliche Aufgaben aufdrängen zu lassen, und scheuen davor zurück, etwas abzulehnen. Immer in der Angst, nicht mehr zu gefallen, Sympathien zu verlieren.

Ganz besonders in der Rolle als Tochter oder Sohn sind wir oft noch im Erwachsenenalter auf der Suche nach Anerkennung der Eltern. Vielleicht ist es deshalb auch so schwer, dem Vater oder der Mutter eine Bitte abzuschlagen.

Im Falle von Anna halte ich es für absolut vertretbar, die Mutter zu bitten, unter der Woche ein Gericht vom mobilen Essensdienst anzunehmen, damit Anna mehr Zeit für sich selbst hat.

Die Wahrheit schützt beide gleichermaßen!

Andersherum gefragt: Hätten Sie es gerne, wenn Ihr Kind Ihnen nicht ehrlich sagt, wann es überfordert ist? Was würden Sie empfinden, wenn Sie später erfahren, dass Ihre Tochter oder Ihr Sohn unter den vielen Aufgaben fast zusammengebrochen wäre? Niemandem ist geholfen, wenn wir eine Last nach der anderen auf uns laden, immer mit dem Vorsatz: Ich schaffe das schon. Obwohl wir insgeheim längt erkennen mussten, dass wir es überhaupt nicht mehr schaffen. Aber stur den Blick auf die Aufgabe gerichtet, erkennen wir keine Zeichen mehr von außerhalb oder verdrängen die eigenen Wünsche und Gefühle.

Bleiben Sie Herr Ihrer Zeit und hoffen Sie nicht vergeblich auf die große Anerkennung der anderen. Allzu oft bleibt diese nämlich aus, und gerade Sie werden für Ihre Dienste eher angeschnauzt. Das Lob bekommen womöglich andere, die viel bessere Laune zum sonntäglichen Besuch mitbringen, denn die sind nicht so gestresst wie Sie.

Spätestens, wenn Sie bemerken, dass die Anerkennung für Ihre Leistung ausbleibt, dass für Sie nur die nörgelnden Worte reserviert sind und das Verständnis für Ihre Ungeduld gegenüber der Mutter oder dem Vater bei den anderen gleich null ist, kommt ein Riesenfrust in Ihnen hoch. Und das ist kein guter Ratgeber für die Pflegenden. Aus Frust wird Wut, aus Wut manchmal auch Gewalt. Dazu lesen Sie mehr im *5. Kapitel*. Denn Gewalt in der Pflege durch Angehörige ist leider auch ein Thema, das meist aus einer Überforderung resultiert. Und diese Überforderung müssen Sie vermeiden, indem Sie sich und Ihrem eigenen Leben mehr Wert zuschreiben.

Selbstanalyse: Was kann ich leisten?
Nehmen Sie sich selbst unter die Lupe und stellen Sie sich die Frage, was Sie an Zeit und Aufgaben übernehmen können.

Spätestens in dem Moment, in dem man eine eigene Familie gründet, wird der Kontakt zu den Eltern dünner. Meist beginnt der Abnabelungsprozess mit Mitte Zwanzig oder mit der Geburt eines eigenes Kindes. Der Wunsch nach Unabhängigkeit und einem eigenständigen Leben wird immer größer. So ist es mehr als natürlich, dass beide Parteien, Eltern wie Kinder, ihr eigenes Leben unabhängig voneinander aufbauen. Die Gemeinsamkeiten werden weniger, ebenso wie die gegenseitigen Besuche.

So weit, so gut. Meist sind die Eltern noch sehr rüstig und führen ein aktives Leben, während die Kinder mit eigener Familie und Existenzsicherung beschäftigt sind. So ist es auch nicht verwunderlich, wenn man sich etwas voneinander entfernt und seinen eigenen Lebensrhythmus schafft.

Im Falle einer angehenden Pflegebedürftigkeit der Eltern rückt man jedoch auf einen Schlag wieder enger zusammen. Gerade war der eigene Tag noch bis auf die letzte Minute verplant, muss man jetzt noch zusätzlich Zeit für die Pflege einbringen. Da stellt sich unweigerlich die Frage: Wie viel Zeit haben Sie eigentlich zur Verfügung? Damit sollten Sie sich schon zu Beginn einer Pflegebedürftigkeit beschäftigen, und Sie sollten es bestenfalls mit ihren Eltern, Geschwistern und mit ihrem Ehepartner besprechen. Wer seinen eigenen Zeitrahmen kennt, minimiert das Risiko, sich Hals über Kopf in eine Pflegesituation zu begeben, die die eigenen Kräfte übersteigt.

Der 30-Stunden-Tag
Ich möchte Ihnen ein Beispiel nennen. Brigitte ist 53 Jahre alt und unverheiratet. Als die Demenz ihres Vaters zunimmt und die Mutter nicht mehr allein mit ihm klarkommt, stellen sich

die Kinder ihrer Mutter unterstützend zur Seite. Brigitte hat noch einen Bruder und eine Schwester, mit denen sie sich frühzeitig trifft, um abzuklären, wer was übernehmen kann. Und in diesem Fall hat die Familie Glück, da alle Kinder in der Nähe wohnen. Oft ist es anders, denn oft sind die Familienangehörigen über ganz Deutschland verstreut, was dazu führt, dass meist der, der in der Nähe wohnt, den Großteil der Arbeit und Verantwortung trägt.

So sitzen die drei Kinder zusammen und entwerfen gemeinsam mit der Mutter einen Betreuungs- und Unterstützungsplan. Brigitte legt fest, dass sie ihren Sport dreimal die Woche unbedingt weitermachen will, dafür aber bereit ist, an den Wochenenden, an denen ihre Schwester wegen ihrer Kinder eingeschränkt ist, mehr Zeit einzubringen. Der Bruder, ebenfalls berufstätig, fügt sich in den Plan ein.

Das hört sich einfach an, ist es aber nicht immer. Eine Zeitlang klappt es bei den dreien dennoch ganz gut. Doch dann nimmt sich die Schwester immer mehr heraus, sie ist der Situation mit dem Vater nicht mehr gewachsen, der aufgrund seiner Demenz immer anstrengender wird. Für Brigitte bleibt immer weniger Zeit, da sie stets für ihre Schwester einspringt, um ihre Mutter nicht zu enttäuschen. Spätestens nach einigen Monaten hätte Brigitte auf die veränderte Situation reagieren müssen, was sie nicht tut. Ohne Diskussion übernimmt sie die „Dienstzeiten" ihrer Schwester, weil sie die Verantwortung bei sich sieht. Der Bruder, der meist nicht vor 19 Uhr abends aus der Arbeit kommt, kann sie nicht so entlasten, wie es nötig wäre. Brigitte selbst, nach außen eine starke Frau, wird immer depressiver, ohne dass jemand es bemerkt. Ihre Sportstunden fallen die meiste Zeit dem Dienst an ihrem Vater zum Opfer. Der Kontakt zu ihren Freunden dünnt ebenfalls immer mehr aus, es fehlt die Zeit dafür. Brigitte läuft Gefahr, sich zu isolieren und sich gesellschaftlich ins Aus zu rücken.

Frühzeitig auf Änderungen reagieren
Jetzt wäre es an der Zeit, ein Gespräch in der Familie zu führen. Ist die Schwester nicht mehr in der Lage, die Mutter bei der Betreuung zu unterstützen, muss die Familie eine Ersatzlösung finden. Möglichkeiten gäbe es in Form von ehrenamtlicher Unterstützung oder auch einer Tagespflege. Dennoch ist immer wieder zu beobachten, dass Geschwister und andere Verwandte sich nur allzu gerne auf dem bedingungslosen Einsatz eines Menschen ausruhen, um dann völlig überrascht zu reagieren, wenn der Pflegende zusammenbricht. Oft zu hören ist dann: Ja, hätte sie doch mal was gesagt!

Richtig! Doch nicht jeder ist in der Lage, lange Gespräche zu führen, wenn die Situation schnelles Handeln verlangt. Brigitte hat mal eben das Ruder übernommen, ohne darüber nachzudenken, was es für sie in letzter Konsequenz bedeutet. Ihre Schwester wiederum war froh, das Problem gelöst zu haben, und die Mutter hat von all dem nur wenig mitbekommen. Der Bruder nahm den Mehreinsatz der Schwester billigend in Kauf, er selbst hatte keine andere Lösung parat. Menschen, die eine Stärke ausstrahlen, werden von anderen, aber auch von sich selbst stark beansprucht. Ihre Stärke führt dazu, dass sie keinen Schutzreflex bei anderen auslösen und sich daher gerne selbst zu viel zumuten. Familie und Freunde erkennen erst viel zu spät, dass ein Mensch überbeansprucht wurde. Es ist also Ihre Sache, sich selbst zu schützen, wenn Sie zu diesen Menschen gehören.

Erst Monate später wurde Brigitte klar, was sie persönlich der Mehreinsatz kostete. Doch jetzt war es zu spät, eingefahrene Gewohnheiten wieder rückgängig zu machen. Das kostet mehr Kraft, als gleich zu Beginn zu sagen: Wir haben ein Problem. Aber genau das hätte sie tun müssen.

Besser noch wäre gewesen, das Problem ihrer Schwester nicht zu ihrem zu machen, sondern alle daran zu beteiligen, um gemeinsam eine Lösung zu finden.

> *Vergessen Sie nicht, dass es äußerst ungewiss ist, ob Ihnen jemals jemand dafür danken wird. Sorgen Sie lieber dafür, dass Sie die Ihnen übertragenen Aufgaben gut ausführen können, denn nur so ist auch gewährleistet, dass Sie mit sich selbst zufrieden sind.*

Legen Sie fest, wer welche Aufgaben übernehmen kann

Mein persönlicher Fehler war es, alle anliegenden Dinge anstandslos selbst zu erledigen. Einfach schon deshalb, weil ich am nächsten dran war und den besten Kontakt zu meinen Eltern hatte. Doch Aufgaben, die man bereits übernommen hat, sind im Nachhinein schwer wieder abzugeben. Besser ist es, sie von Beginn an gut zu verteilen.

Machen Sie sich dazu eine Liste mit den Aufgaben, die es zu erledigen gilt. Beziehen Sie, falls möglich, Vater/Mutter ebenso mit ein wie eventuell vorhandene Geschwister. Mehr dazu finden Sie in *Kapitel 4: Wie kann Pflege gelingen?*

Pflege fängt bei Ihnen persönlich an

Klären Sie den Zeitumfang und stellen Sie zunächst für sich selbst fest, wie viel davon Sie maximal einbringen können. Haben Sie Hobbys oder anderweitige Verpflichtungen? Gehen Sie regelmäßig tanzen oder haben Sie einen festen Freundeskreis, den Sie treffen? Dann sorgen Sie dafür, dass die nötige Zeit dafür bleibt. Auch wenn Ihnen das im Moment übertrieben erscheint, denken Sie daran, dass sich eine Pflege über viele Jahre hinweg erstrecken kann. Ich habe auf meinen Veranstaltungen Menschen getroffen, die seit zwölf, 15 und 20 Jahren ihre Eltern (Vater oder Mutter) pflegen. Sie glauben gar nicht, wie oft mir gesagt wurde, man würde sich davor fürchten, dass man vor den Eltern sterbe. „Aber wo bleibt denn dann mein Leben?", lautet die Frage, die oft folgt. Die Pflege kann zu einem Teil Ihres Lebens werden, sie darf aber nicht Ihr ganzes Leben bestimmen!

In einer Talkshow habe ich den Heimleiter Armin Rieger getroffen. Er betreibt ein Heim für Demenzkranke in Augsburg und erzählte mir: Wenn Angehörige mit einem demenzkranken Menschen mit ihm am Tisch zum ersten Gespräch sitzen, würden diese meist viel schlechter aussehen als der Kranke selbst.

Das darf nicht so weit kommen!

Umso wichtiger ist es, dass Sie lieb gewordene Gewohnheiten und Hobbys weiter pflegen.

Wann und wo kann ich mich erholen?

Es ist erstaunlich, wie wenig die Menschen von sich selbst wissen. Sie beobachten Freunde und Nachbarn, aber kennen nicht ihre eigenen Vorlieben. Wenn sie gefragt werden, wo sie sich denn gerne entspannen oder erholen, kommt als Antwort: Im Urlaub halt. Doch zum einen ist der Urlaub eher ein seltenes Glück, zum anderen ist er erwiesenermaßen nicht immer von Glück und Entspannung geprägt. Wer sich also auf die wenigen Wochen im Jahr konzentriert, läuft Gefahr, wenig bis gar keine Erholung zu finden.

Genau aus diesem Grund sollten Sie sich kleine Oasen im Leben schaffen, um sich vom Alltag erholen zu können. Nehmen Sie sich die Zeit und überlegen Sie, welche Orte oder Begegnungen Ihnen Freude bereiten. Ist es ein Spaziergang im Wald, ein Museumsbesuch, der Sie in eine andere Welt entführt, oder vielleicht ein schöner Kinoabend mit Freunden? Wann haben Sie das letzte Mal so richtig gelacht? Notieren Sie sich diese Ereignisse und planen Sie sie in Zukunft fest in Ihren Alltag ein. Ich selbst habe immer den noch zu erledigenden Aufgaben die Priorität verliehen, und falls dann noch Zeit gewesen wäre, was natürlich nie der Fall war, dann hätte ich mir noch das ein oder andere gegönnt. Wozu es dann eben meist erst gar nicht kam.

Ein großer Fehler, wie ich heute zugeben muss. Denn um nicht auszubrennen, muss man sich diese Oasen bewusst schaffen. Wer wie ich damals darauf hofft, nach getaner Arbeit eine Lücke für sich selbst zu finden, der wird enttäuscht werden. Meist steht immer irgendwo Arbeit herum, die getan werden muss. So bleibt kaum Zeit für einen selbst. Besser ist es, für die Dinge, die in Ihrem Leben nicht fehlen dürfen, einen festen Termin einzuplanen.

Zum Bespiel ein Abendessen mit Ihrem Ehepartner, ein Familienausflug mit den Kindern oder was auch immer für Sie wichtig ist. Tragen Sie sich das in Ihren Terminkalender ein.

Zeitmanagement

Für die Finanzen gibt es meist einen Plan. Man nimmt die Einnahmen und stellt sie den Ausgaben gegenüber. So weiß jeder, welche Summe den Monat über verfügbar ist. Eine einfache Rechnung, die Sie sicher kennen.

Mit unserer Zeit gehen wir aber ganz anders um. Wir vergeben die Zeit oftmals ohne Sinn und Verstand. Zugegeben, wenige Menschen tun das auch mit ihrem Geld, aber mit der Zeit machen wir es fast alle so. Obwohl auch hier unsere Mittel nur beschränkt verfügbar sind, verteilen wir sie großzügig.

Starten Sie einen Versuch. Schreiben Sie einen gewöhnlichen Tagesablauf auf und notieren Sie sich den einzelnen Zeitaufwand für die verschiedenen Aufgaben.

> **Beispiel Anna:**
>
> *6.00* – aufstehen
> *6.00–6.15* – Bad
> *6.15–6.30* – Frühstück herrichten
> *6.30–6.45* – Frühstücken
> *6.45–7.00* – Frühstück abdecken, Pausenbrote schmieren
> *7.00* – Anfahrt Arbeit – *13.00* Arbeit
> *13.30* – Ankunft zuhause / Einpacken Mittagsessen für Mutter; Nebenher Telefonat mit Mutter, die wissen will, wann Anna kommt. Herrichten Mittagessen für Kinder.
> *14.00–15.00* – Fahrt zur Mutter (10 Minuten) Aufwärmen des Mittagessens; Gesellschaft leisten
> *15.15–17.00* – Kinder brauchen Hilfe bei den Hausaufgaben, anschließend Fahrt zum Sport. Nebenher räumt Anna die Küche auf und erledigt ein Telefonat.
> *17.15* – Termin beim Allgemeinarzt ihrer Mutter wegen Krankheitszustand
> *18.00* – Ehemann kommt nach Hause. Abendessen kochen.
> *19.00* – Gemeinsam mit Ehemann wird die Küche aufgeräumt.
> *19.30* – Anna fährt noch mal zu ihrer Mutter, um zu sehen, wie es ihr geht. (Ehemann bringt Kinder ins Bett.)
> *20.15* – Rückkehr von der Mutter.
> *20.30* – Anna muss einen Antrag für einen Gehwagen an die Krankenkasse stellen.
> *21.30* – Anna schläft auf dem Sofa neben ihrem Mann ein.
> *22.00* – Anna geht ins Bett.

Ein 16-Stunden-Tag für Anna, der völlig ausgefüllt ist und keine Stunde für ein Hobby zulässt. Nur zu dumm, dass sie jetzt auch noch eine Zusage für ein kleines Ehrenamt an der Schule der Kinder gegeben hat; oder es nicht schafft, ihrem Bruder zu vermitteln, dass er seine Wäsche selbst machen soll.

Würde Anna sich ihre Zeit notieren, könnte sie erkennen, dass sie all ihre Aufgaben gar nicht schaffen kann! Und dass das nicht daran liegt, dass sie es nicht will, sondern dass die Zeit eines jeden Menschen schlichtweg limitiert ist.

Ich will Ihnen damit zeigen, dass Sie sich genau darüber im Klaren sein müssen, wie viel Zeit Sie für Ihre Eltern zur Verfügung haben. Nur wer seinen Zeitrahmen kennt, kann seine Hilfe auch ehrlich anbieten.

Wie steht mein Ehepartner dazu?

Nicht selten wird wie selbstverständlich davon ausgegangen, dass der Ehepartner oder die Ehepartnerin die Last der Pflege mitträgt. Doch ebenso oft kommt es auch vor, dass die Ehepartner unterschiedliche Ansichten über den Umfang der Unterstützung bzw. des Pflegeaufwands haben. Hinter solch einem Konflikt steht oft das Gefühl eines Partners, vernachlässigt zu werden. Wenn plötzlich keine Zeit mehr für ein gemeinsames Gespräch bleibt oder für ein gemütliches Abendessen oder wenn über Monate hinweg nur noch ein Thema den Tag beherrscht, dann sollten Sie bei all dem Stress nicht Ihren Partner übersehen und auch ihm die notwendige Aufmerksamkeit schenken.

Treffen Sie gemeinsame Entscheidungen

Schon vor Beginn der ersten Pflegebedürftigkeit sollten die Ehepartner gemeinsam entscheiden, wie sie mit der Situation umgehen wollen. Wie weit reicht die Akzeptanz des Partners, wenn es um den Zeitumfang der Pflege geht?

Anna hatte keinen Moment darüber nachgedacht, sich mit ihrem Mann zu besprechen, ob er mit ihrem Engagement einverstanden ist. Vielmehr war es für sie selbstverständlich, dass sie alles für ihre Mutter tun will. Doch das Ergebnis fiel verheerend aus. Ihr Mann fühlte sich vernachlässigt und lernte eine andere Frau kennen. Eine Frau, die ihn wieder zur

Kenntnis nahm und Zeit für ihn hatte. Auch wenn Sie jetzt denken, das sei nicht fair von ihm gewesen, er hätte bei Anna bleiben müssen, dann überlegen Sie einen Moment in eine andere Richtung. War es fair von ihr, sich ohne Rücksprache mit ihm in diese Aufgabe zu begeben? Sich geradezu mit Haut und Haar hineinzustürzen und wie selbstverständlich anzunehmen, dass er es mitträgt? Womöglich mochte er seine Schwiegermutter nicht einmal, was die Sache noch erschwert hätte.

Kein Garant für das Gelingen, aber ein größere Chance wäre es gewesen, mit ihm gemeinsam eine Entscheidung zu treffen, ob und wie Anna die Pflege ihrer Mutter übernehmen kann.

Zusammen hätten die beiden einen Plan erstellen und sich gemeinsam einbringen können. Es ist ein sehr großer Unterschied, ob der Partner sich dazu äußern kann oder ob er einfach übergangen wird.

Das betrifft vor allem Entscheidungen, die einen gravierenden Einschnitt in das Familienleben bedeuten, wie beispielsweise der Umzug der Eltern in das eigene Haus oder in eine benachbarte Wohnung. Denn plötzlich wird die Zeit kostbar, und ehe man es selbst bemerkt, verbringt man mehr Zeit mit dem Elternteil, als mit dem eigenen Partner.

Laufende Gespräche über die aktuelle Situation und gegenseitiges Verständnis füreinander tragen dazu bei, dass aufkommende Krisen frühzeitig gemeistert werden können. Treffen Sie daher keine Entscheidungen, ohne vorher mit Ihrem Partner darüber ausführlich gesprochen zu haben.

Wägen Sie genau ab, bevor Sie sich in eine Situation begeben, die Ihr Leben stark beeinflussen wird.

Beruf und Pflege
Immer mehr Firmen stellen sich auf die Bedürfnisse von pflegenden Angehörigen ein. Doch wenn wir einmal genauer

hinsehen, sind es meist die großen Firmen, die sich für ihre Fachkräfte einiges einfallen lassen. Tatsächlich kann jedoch nicht jede kleine Firma auf die oftmals plötzlich auftretenden Bedürfnisse des Mitarbeiters für einen längeren Zeitraum eingehen.

Wo steht Ihr Karrierewunsch?

Immer wieder wird die Forderung laut, staatlich geförderte Wiedereingliederungsmaßnahmen für Pflegende anzubieten, damit sie nach Beendigung der Pflege wieder in den Arbeitsmarkt einsteigen können. Doch es ist mehr als fraglich, ob dies gelingen kann! Meist beginnt die Pflegebedürftigkeit der Eltern, wenn die Kinder durchschnittlich in einem Alter von 47 Jahre sind. Bei über der Hälfte der Pflegefälle kann man mit zwischen drei und zehn Jahren Pflegezeit rechnen. Somit ist ein Wiedereinstieg nach der häuslichen Pflege eine Farce und wird kaum mehr gelingen. Welches Unternehmen stellt heute noch Frauen oder Männer ein, die über 50 Jahre alt sind?

So muss sich jeder genau überlegen, ob er seinen Beruf für die Pflege aufgeben will. Besser wäre es, nachzufragen, ob eine vorübergehende Reduzierung der Arbeitszeit möglich ist. Mit dem Familienpflegegesetz soll dafür Raum gegeben werden. Es setzt Anreize für den Arbeitgeber durch einen Entgeltvorschuss, um das Einkommen von Beschäftigten aufzustocken, die wegen der Pflege eines nahen Angehörigen für einen Zeitraum von maximal 24 Monaten ihre Arbeitszeit auf bis zu 15 Wochenstunden reduzieren.

Dadurch wird das Einkommen nur halb so stark reduziert wie die Arbeitszeit. Wenn beispielsweise Vollzeitbeschäftigte ihre Arbeitszeit von 40 auf 20 Wochenstunden verringern, um Angehörige zu pflegen, erhalten sie ein Gehalt von 75 Prozent des letzten Bruttoeinkommens.

> **Beispiel:**
>
> Ein/e pflegende/r Angehörige/r erhält ein Bruttogehalt von 3000 Euro bei einer 40-Stundenwoche. Er/sie nimmt 20 Wochenstunden im Monat für eine zwei Jahre dauernde Familienpflegezeit in Anspruch. Während dieser Zeit reduziert sich das Gehalt auf 1500 Euro. Hinzu kommt ein Aufstockungsbetrag in Höhe der Hälfte der Differenz zwischen Vollzeit- und Teilzeitvergütung, also 750 Euro, der vom Arbeitgeber vorfinanziert wird. Er/sie erhält demnach 2250 Euro brutto in dieser Zeit. Danach arbeitet er/sie wieder voll und erhält ebenfalls die 2250 Euro über die nächsten zwei Jahre, um das aufgelaufene negative Guthaben von 750 Euro monatlich wieder auszugleichen.

24 Monate und dann?

Allerdings gilt diese Möglichkeit nur für 24 Monate. Bei einer längeren Pflegezeit, müssen andere Wege gefunden werden.

Abgesehen davon verzichten Sie in diesem Zeitraum auf den Lohn, der ihnen dadurch verloren geht. Es kann nicht schöngeredet werden, es ist und bleibt eine Lösung für wenige Menschen.

Meist betrifft es Frauen. Sie sind es nach wie vor, die die Pflegearbeit übernehmen. Viele von ihnen haben ihrer Kinder wegen schon vorher eine Familienpause eingelegt. Nun sind die Kinder älter, und die Frauen steigen ganztags wieder ins Berufsleben ein. Und dann, sagen wir mal fünf Jahre später, tritt der Pflegefall der Eltern ein. Sollen sie jetzt wieder reduzieren, um mit vielleicht 55 Jahren einen Wiedereinstieg zu machen?

Wägen Sie ab, ob Sie Ihre berufliche Existenz für die Pflege einsetzen können. Ist es wirklich nötig, den Job völlig aufzugeben?

Anna konnte nicht auf das Verständnis ihres Arbeitgebers hoffen. Obwohl die Arbeit für sie wichtig war, hat sie ihre Pflichten diesbezüglich schwer vernachlässigt. Ein klärendes Gespräch mit dem Arbeitgeber hätte unter Umständen einen Kompromiss herbeigeführt. So könnte bei Anna, wenn sie nicht aufpasst, nach dem emotionalen Bankrott auch der finanzielle Bankrott folgen.

Letztendlich bleibt zu hoffen, dass Anna durch die immer häufiger werdenden Fehlzeiten nicht noch ihren Job verliert, um am Ende ein Sozialfall zu werden.

Sie glauben, das ist unwahrscheinlich? Immer mehr Menschen werden zum Sozialfall, weil sie ihre Angehörigen pflegen und nicht mehr in der Lage sind, einem geregelten Job nachzugehen. Eine Pflege, die immer mehr Zeit in Anspruch nimmt und vermutlich Zigtausende in die Armut treibt.

Trotz intensiver Recherche waren keine Zahlen dazu aufzutreiben. Das lässt den Schluss zu, dass es seitens der Politik kaum Bestrebungen gibt, diesen Zustand aufzuklären oder gar zu verhindern.

Die Pressesprecherin des VDK e.V., Cornelia Jurrmann, teilte mit, dass dem VDK keine offiziellen Zahlen dazu vorliegen. Sie weist darauf hin, dass mittlerweile 40 Prozent der Heimbewohner auf finanzielle Unterstützung des Staates angewiesen sind. Zahlen aus dem Jahr 1995/1996, als die Pflegeversicherung eingeführt wurde, besagen, dass zu diesem Zeitpunkt nur 15 Prozent der Heimbewohner auf finanzielle Hilfe angewiesen waren. Somit sei ein Zusammenhang zwischen Armut und Pflegebedürftigkeit erkennbar.

Wer zuhause einen Angehörigen pflegt und dabei verarmt, kann nur dann auf Sozialhilfe hoffen, wenn sämtliches Eigentum und der ganze Besitz veräußert wurden.

2. KINDER SIND NICHT AUTOMATISCH DIE PFLEGER DER ELTERN

Wir leben in einer Zeit, in der nicht nur Mütter Elternzeit nehmen, sondern auch Väter das gerne tun. Immer mehr Männer nehmen diese Gelegenheit wahr und wollen sich Zeit für ihren Nachwuchs nehmen.

Dabei sein, wenn die Kinder das erste Mal Papa sagen oder es schaffen, sich am Tisch nach oben zu ziehen und die ersten Schritte machen – Männer wollen das auch erleben. Und das zu Recht. Doch wollen sie auch dabei sein, wenn ihre Eltern immer mehr an Fähigkeiten verlieren? Wenn Vater oder Mutter körperlich und geistig abbauen, ihre Persönlichkeit sich verändert und der Alltag zur Qual wird, ohne Aussicht auf Verbesserung?

Mit einem Anteil von über 70 Prozent sind die Frauen bei den pflegenden Angehörigen nach wie vor in der Mehrzahl.

Dennoch zeichnet sich eine erkennbare Veränderung ab: Waren es im Jahr 1991 nur 17 Prozent an Männern, die Angehörige pflegten, sind es 2005 schon 27 Prozent. Allerdings muss hier genauer hingesehen werden. Denn bei vielen der pflegenden Männer handelt es sich nicht um Söhne, sondern um Ehemänner. Sozialwissenschaftler Prof. Manfred Langehennig sagt, dass männliche Angehörigenpflege überwiegend Partnerinnenpflege sei. Er sieht die wachsende Zahl der pflegenden Männer aber auch im Rollenwandel des Mannes begründet.

Eine weitere interessante Erkenntnis seiner Studie ist übrigens, dass Männer freiwillig und aus Liebe pflegen. Sie müssten weniger Kritik fürchten, wenn sie die Pflege ablehnten. Von Frauen hingegen wird gesellschaftlich eher erwartet, dass sie die Pflege übernehmen, ungeachtet dessen, ob auch die Gefühle für den zu Pflegenden stimmen.

Es gibt eine Tendenz, die dahin deutet, dass die Zahl der pflegenden Männer sich weiter erhöhen wird. Das könnte mehrere Gründe haben. Einer davon ist sicher die schon erwähnte Änderung der Rollenbilder. So ist es auch nicht verwunderlich, dass immer weniger Frauen sich bereit erklären, ganz selbstverständlich die Pflege zu übernehmen, insbesondere die der Schwiegereltern, was vor nicht allzu langer Zeit noch üblich war. Heute jedoch arbeiten sie, erziehen ihre Kinder und haben längst ihr eigenes Leben aufgebaut. Der Kontakt zu den Schwiegereltern war unter Umständen nie besonders herzlich. Warum sollten sie also die Pflege übernehmen?

Auch hier macht sich also eine Änderung der Rollenbilder bemerkbar. Die moralische Verpflichtung ist nicht mehr so stark ausgeprägt wie früher. Und so fällt die Aufgabe der Pflege unter Umständen auf den einzig vorhandenen Sohn. Doch muss er pflegen, wenn er so gar nicht will? Muss die Tochter pflegen, wenn sie nicht will? Können Eltern das voraussetzen?

Ein noch amtierender Minister, dessen Namen ich hier nicht nennen will, hat einmal in einem Interview im „Stern" auf die Frage „Sie haben keine Kinder. Vermissen Sie das nicht?" geantwortet: Er vermisse nichts und könne sich an den Kindern von Freunden erfreuen. Aber wenn er mal alt sei, dann könnte sich das möglicherweise ändern.

Diese Antwort hat mich entsetzt. Zeigt sie doch, wie sehr manch einer Kinder allein auf diese Verantwortung reduziert. Ein absolut unzeitgemäßer Gedanke. Wir müssen uns wirklich fragen, ob unsere Kinder sich überhaupt noch um uns kümmern können, wenn wir alt sind.

Wo werden sie leben, wo arbeiten? Und über allem steht die Frage, ob wir es überhaupt geschafft haben, ein gutes Verhältnis über all die Jahre gepflegt zu haben. Kinder sind keine Einbahnstraße!

Auf der Suche nach unerfüllter Liebe

Claudia war 14, als sie zum Rebellen in der Familie wurde. Es verging kein Tag, an dem sie nicht mit ihrer Mutter stritt. Mal ging es um die Schule, ein anderes Mal um die abendliche Ausgehzeit. Einen Vater gab es in ihrer Kindheit nicht. Der hatte sich schon sehr früh aus dem Staub gemacht, wie Claudia später durch ihre Mutter erfuhr. Das Verhältnis der beiden wurde immer schlechter. Die übergroße Sorge der Mutter führte zu einer wachsenden Distanz zwischen Tochter und Mutter. Die Mutter bemerkte nicht, wie sehr sie Claudia einengte. Die ständige Sorge, der Tochter könne was passieren, führte dazu, dass Claudia mit 18 Jahren von zuhause auszog. Zurück blieb eine frustrierte Mutter, die viele Jahre kaum ein Wort mit ihrer Tochter wechselte.

Selbst als Claudia Jahre später einen Mann kennenlernte, den sie schließlich heiratete, verbesserte sich das Verhältnis zur Mutter kaum. Sie wohnten im selben Ort und waren doch Lichtjahre voneinander entfernt. Eigentlich wünschte sich Claudia mehr Kontakt, daran hinderten sie aber die ständigen Nörgeleien der Mutter. Sie konnte ihr einfach nichts recht machen. Ihr Verhältnis blieb unterkühlt.

Mit ihrem Mann bekam Claudia zwei Kinder. Kurz nachdem die zweite Tochter zur Welt gekommen war, wurde die Mutter schwer krank und war auf den Rollstuhl angewiesen.

Wie selbstverständlich sprang Claudia ein und kümmerte sich um sie. Die Streitereien zwischen Mutter und Tochter gingen dennoch weiter. Dabei wünschte sich Claudia nichts mehr als ein harmonisches Verhältnis zu ihrer Mutter, die sich liebevoll um ihre Enkel kümmern würde. Aber so war ihre Mutter eben nicht. Sie war unzufrieden, krank und ließ ihrem Frust freien Lauf. Trotzdem fuhr Claudia täglich zu ihr. Bis zur Erschöpfung.

In einem Brief schreibt sie: „Mein Mann macht mittlerweile seine Ausflüge allein. Urlaub verbringt er einmal im Jahr mit einem Freund. Ihm wurde alles zu viel." Und weiter: „Ich versuchte, mit meiner Mutter zu reden. Ich wollte doch auch nur Tochter sein. Eine Tochter, die ihre Mutter besuchen geht und die Enkel mitbringt. Und Ehefrau wollte ich sein. Aber nein! Mutter lässt nicht mit sich reden und droht mit Selbstmord, wenn ich nicht jeden Tag komme."

Im Laufe der Jahre jagte bei der Mutter eine Krankheit die nächste. Insgesamt pflegte Claudia ihre Mutter 17 Jahre lang aufopfernd. Ihre Ehe hielt das nicht aus. Und trotz aller Mühen und Versuche konnte sie bis zum Tod der Mutter kein gutes Verhältnis herstellen.

Zum Schluss schreibt sie in einem Brief: „Mutti, ich vermisse dich jeden Tag, auch wenn wir viel gestritten haben."

Hilfe von außen holen

Es ist eine traurige Geschichte, weil sie zeigt, dass die Liebe einer Tochter zu ihrer Mutter nicht in dem Maße erwidert wurde, wie sich die Tochter das erhofft hatte. Und es stellt sich die Frage: Wieso hat Claudia das alles getan? Hätte sie nicht einfach gehen können?

Ganz so einfach ist das wohl nicht. Denn eine Beziehung zur Mutter kann nicht kurzerhand abgebrochen werden. Die emotionale Bindung ist sehr hoch. Und Frauen fühlen sich ihren Eltern moralisch immer noch viel stärker verpflichtet als Männer. Auch wenn, wie im obigen Fall, das Verhältnis zur Mutter nicht gut war: Claudia pflegte ihre Mutter bis zur Selbstaufgabe, weil sie es als ihre Pflicht empfand und bis zum Schluss gehofft hatte, dass ihre Liebe von der Mutter erwidert würde.

Und dennoch hätte Claudia sich Hilfe bei einem Pflegestützpunkt oder einer Beratungsstelle holen müssen. In einem Gespräch zwischen der Mutter und einer außenstehenden Person hätten Lösungsvorschläge gemacht und den Emotionen Raum gegeben werden können.

Sicher, es muss schon viel geschehen, bis ein Kind sich von Vater oder Mutter abwendet. Doch eigentlich stellt sich die Frage, ob ein Elternteil so ein Engagement von der Tochter überhaupt erwarten bzw. verlangen darf. Ganz besonders, wenn, wie in unserem Fall, wenig dafür getan wurde, ein harmonisches Verhältnis zu pflegen. Claudia pflegte ihre Mutter, die wenig an sie, sondern mehr an sich selbst gedacht hatte. Unbearbeitete Konflikte, die noch aus der Kindheit stammen, flackerten plötzlich wieder auf.

Moralische Keule

Viele Eltern gehen mit einer großen Selbstverständlichkeit davon aus, dass ihre Kinder im Alter sich um sie kümmern werden.

Sie stützen sich auf eine Beziehung, die aus einer Zeit stammt, als die Kinder noch klein waren. Das ist im höchsten Maße unrealistisch. Zwischen Kinderzeit und Pflegezeit liegen 30, 40 oder gar 50 Jahre. Die Beziehung zwischen Eltern und Kindern verändert sich im Laufe des Lebens.

Heranwachsende Kinder vollziehen einen Ablösungsprozess von den Eltern, der nicht immer reibungslos verläuft. So existieren in der Familie vielleicht noch unbearbeitete Konflikte, die den Beteiligten gar nicht mehr bewusst sein müssen, weil sie als Erwachsene einen größeren räumlichen Abstand voneinander haben. Die Kinder sind längst in alle Richtungen verstreut und leben ihr eigenes Leben. Der Kontakt zwischen Eltern und Kindern findet oftmals nur in geringem Maße statt. Man hat sich schlichtweg auseinandergelebt.

Tritt nun die Pflegebedürftigkeit ein, haben sich viele Familien aus den Augen verloren. Die Pflege eines Angehörigen bedeutet aber plötzlich ungewohnte Nähe. Und gerade diese Enge in einer Pflegebeziehung kann zu Stresssituationen führen. Alte familiäre Gewohnheiten und Verhaltensmuster tauchen auf und werden unerwartet zum Problem.

Sohn und Schwiegertochter sehen sich nicht in der Pflicht
Angelika und Wolfgang sind beide Mitte 50, die Kinder längst aus dem Haus, und sie freuen sich auf die wiedergewonnene Freiheit, als plötzlich von einem Tag auf den anderen der Vater von Wolfgang einen Schlaganfall erleidet. Die Schwester lebt im weit entfernten Kanada, und Wolfgang hatte all die Jahre wenig Kontakt mit den Eltern.

Die Mutter, selbst etwas kränklich, hofft auf die Hilfe ihres Sohnes oder ihrer Schwiegertochter. Doch diese erinnert sich daran, dass ihre Schwiegereltern sich all die Jahre, als die Enkelkinder noch klein waren und die damals junge Familie durchaus Hilfe gebraucht hätte können, niemals zur Stelle waren. Stets standen deren eigene Interessen im Mittelpunkt. So fragt sich Angelika zu Recht, warum sie jetzt ihre Hilfe anbieten soll. „Sehe ich doch gar nicht ein", erzählt sie. „Die haben uns auch nicht geholfen. Wieso sollen wir jetzt einspringen?"

Es ist eine Frage, die sich Wolfgang und Angelika in den kommenden Jahren immer wieder stellen müssen. Obwohl sie nur 30 Kilometer entfernt wohnen, weigern sich die beiden, die Pflege selbst zu übernehmen. Sie schlagen den Eltern einen Umzug ins Heim vor, was die jedoch stur ablehnen. Der Vater ist geistig noch klar, halbseitig aber in Bewegung und Koordination eingeschränkt. Die Mutter versucht, so gut es geht, den Alltag zu meistern. Ist aber oft mit den täglichen Aufgaben überfordert. Das wird bei jedem Besuch deutlicher, den Wolfgang bei seinen Eltern macht.

Die Wohnung ist nicht mehr so sauber wie früher. Auch die Kleidung der Eltern hat immer mehr sichtbare Flecken. Manchmal findet Wolfgang Sachen im Kühlschrank, die schon seit längerer Zeit abgelaufen sind. Es ist der Anfang einer Pflegebedürftigkeit, die jedoch von den Betroffenen selbst oftmals nicht als solche wahrgenommen wird.

Immer wieder versucht Wolfgang seine Eltern zu einem Umzug ins Heim oder in ein betreutes Wohnen zu überreden. Jedes Mal scheitert er an der Sturheit seines Vaters. „Du bräuchtest nur öfters zu kommen. Hast ja nie Zeit für uns" oder „Angelika könnte deiner Mutter doch öfter mal helfen" sind beliebte Sätze des Vaters. Sämtliche Erklärungen seitens Wolfgangs führen ins Leere. Der Vater sieht die Pflicht bei den Kindern. Für was hat man denn Kinder?

Doch die Sturheit des Vaters hat sich auf den Sohn vererbt. So ist es kein Wunder, dass die Besuche von Wolfgang immer weniger werden. Für die Nachbarn ist das äußerst unverständlich, wie der Sohn die Eltern so vernachlässigen kann. Aber sie wissen natürlich nichts über die Vergangenheit der Familie.

Immerhin organisiert Wolfgang eine hauswirtschaftliche Hilfe, die jede Woche putzt, einkauft und kocht. Da beide Elternteile geistig ziemlich klar und hauptsächlich körperlich eingeschränkt sind, kann Wolfgang nichts über ihren Kopf hinweg bestimmen.

Doch tatsächlich schafft er es, sich emotional abzugrenzen. Sämtliche Vorwürfe prallen an ihm ab. Er sieht weder sich noch Angelika in der Pflicht, seine Eltern zu pflegen. Das Verhältnis zu ihnen kühlt immer mehr ab. Die Geschichte endet so, dass der Vater am zweiten Schlaganfall zuhause stirbt und die Mutter daraufhin ins Heim wechselt. Wolfgang gelingt es in den letzten Jahren, bei seinen monatlichen Besuchen im Heim das Verhältnis zur Mutter zu verbessern. Zurück bleiben kopfschüttelnde Nachbarn und ein nicht befriedeter Streit mit der Verwandtschaft, die kein Verständnis für sein Verhalten hatte.

Einsatz, aber nicht um jeden Preis
So wie Wolfgang schaffen es die wenigstens der betroffenen Angehörigen. Meist machen sie sich Vorwürfe und über Jahre hinweg plagt sie ein schlechtes Gewissen.

Doch Wolfgang hat nichts anderes getan, als seinen Selbstschutzmechanismus in Gang zu setzen. Er hat sein eigenes Leben vorne angestellt. Allerdings nicht, ohne auch die Fürsorge für die Eltern zu bedenken. Immerhin hat er eine Grundversorgung für sie organisiert.

Doch den Druck, den sein Vater aufgebaut hat, lässt er an sich abprallen. Mehr noch, er ist diesem Druck ausgewichen, indem er den Kontakt zu seinen Eltern abkühlen ließ.

Falsch oder richtig? Ich sage, Wolfgang hat genau richtig reagiert. Denn die gesellschaftliche Erwartungshaltung in Deutschland an die Angehörigen ist groß. Es wird vorausgesetzt, dass sich die Familie um den pflegebedürftigen Angehörigen kümmert. Daraus resultiert natürlich auch das übergroße schlechte Gewissen, das die pflegenden Angehörigen in Deutschland begleitet.

Einer Studie zufolge sehen 74 Prozent der Befragten die Familie in der Hauptverantwortung, während z. B. in Schweden 58 Prozent der Befragten den Staat in dieser Rolle sehen.

Im Gegensatz zu den südeuropäischen Ländern wie Italien oder Spanien gibt es in Deutschland allerdings vom Staat auch Unterstützungsleistung bei der Pflege. Ganz anders verhält es sich in Schweden, Finnland oder Dänemark. In Schweden beispielsweise werden kaum Erwartungen an die Angehörigen gestellt. Der Staat sieht sich hier, ebenso wie in Dänemark, in der Pflicht für die Versorgung älterer Menschen.

Würde man in Dänemark oder Schweden eine Umfrage starten, wer von den Angehörigen ein schlechtes Gewissen wegen der zu pflegenden Eltern hat, wäre man vermutlich überrascht über das Ergebnis. Wahrscheinlich würde man dort unsere Frage gar nicht erst verstehen.

Andersherum: Eine schwedische Freundin, der ich vor Jahren die Probleme mit meinen pflegebedürftigen Eltern geschildert habe, hat mich völlig verblüfft gefragt, ob wir in Deutschland denn keine Heime für die Senioren hätten. In Schweden sei das überhaupt kein Thema, denn sie hätten dort genug Pflegeplätze für die alten Menschen. Da hätte ich als Angehöriger bestimmt nicht so viel Stress.

Nun muss man dazusagen, dass diese besagte Freundin mein Alter hat und sich mit dem Thema, bedingt durch ihre Eltern, durchaus schon beschäftigt hatte.

Ihr Vater ist ebenfalls dement und wird im Moment noch von der Ehefrau zuhause gepflegt. Doch für die Tochter war immer klar, dass sie einen Heimplatz für ihn suchen werden, falls die Pflege zuhause nicht mehr möglich ist. Ob sie ein schlechtes Gewissen dabei habe, hatte ich sie gefragt. Nein, antwortete sie völlig erstaunt. Warum das denn?

Männer sind besser organisiert

Es ist immer wieder festzustellen, dass sich Männer völlig anders in der Pflege organisieren, als Frauen das tun. Während die Frauen sich meist selbst in der Pflicht sehen, delegieren die Männer viel eher die Aufgaben. Sie managen die Pflege der Eltern und holen sich viel öfter als Frauen professionelle Hilfe ins Haus. Hier könnten die Frauen so einiges von den Männern lernen.

Im Fall von Wolfgang ist eine große Erwartungshaltung der Eltern an den Sohn gestellt worden. Dennoch hat man es versäumt, in all den Jahren ein Fundament für eine gelungene Pflegebeziehung zu errichten. Ein Fundament, das alle

Großfamilien zusammenhält: Nähe, Zuneigung und gegenseitige Wertschätzung. Ohne diese Faktoren funktionieren heute kein Mehrgenerationenhaus und auch keine Pflegebeziehung.

Und wie wir oben lesen konnten, denken Männer rationaler – und Frauen zunehmend auch.

Keine Liebe – keine Pflege?
Wenn Eltern sich viele Jahre zurückziehen, ihnen die Enkelkinder zu anstrengend sind und sie ihr eigenes Leben führen, ist es nicht verwunderlich, wenn der Sohn oder die Tochter sich später für die Pflege nicht zuständig fühlen. Allein die Tatsache hingegen, dass sie von den Eltern großgezogen worden sind, sollte nicht als hauptsächliche Stütze für die Erwartung der Pflege im Alter dienen.

Die ersten Anzeichen der Pflegebedürftigkeit
Diese sind nicht immer mit einem Schlaganfall gekennzeichnet, wie im obigen Beispiel. Oft ist es ein Prozess, der sich schleichend entwickelt. Ganz besonders, wenn eine beginnende Demenz im Spiel ist. Das ist meines Erachtens die schwierigste Phase für die Angehörigen. Sie können die kleinen Veränderungen in der Persönlichkeit noch nicht zuordnen und nehmen alles sehr persönlich. Wie auch nicht, wenn die Mutter oder der Vater plötzlich Dinge sagt oder Ansichten vertritt, die er oder sie zuvor so noch nie gehört haben? Wenn sich angebliche Wahrheiten in Lügen verwandeln? „Ich weiß gar nicht, was in Mutter gefahren ist", fragen sich die Kinder plötzlich. Je nachdem, wie das Verhältnis vor der Pflegedürftigkeit war, können die Kinder mehr oder weniger damit umgehen. Oft aber zerbricht in dieser Phase ein ohnehin schon desolates Verhältnis völlig.

Später plagen die Kinder Gewissensbisse. Man hätte es doch merken können, so ein häufiger Gedanke. Aber nein.

Das hätten sie nicht merken können. Nicht jeder Persönlichkeitsveränderung liegt eine Demenz zugrunde. Und es wäre auch furchtbar, wenn wir gleich jedem diese unterstellen würden.

Starke Frauen noch mehr unter Druck
Im Falle von Angelika und ihrem Vater wurden gleich zu Beginn klare Fronten geschaffen. Als sie merkte, dass der Alltag ihres Vaters immer mehr aus den Fugen geriet und die Anrufe der Nachbarn und Freunde sich bei ihr häuften, stellte sie ihren Vater zur Rede. Die Mutter war schon einige Jahre zuvor verstorben, und der Vater lebte allein, rund 30 Kilometer von der Tochter entfernt in einer Dreizimmerwohnung. Angelika hatte gerade eine Vollzeitstelle angenommen und wollte beruflich noch einmal durchstarten. Sie konnte sich nicht um ihren Vater kümmern. Nicht in der Weise, wie es nötig gewesen wäre. So stellte sie ihn vor die Alternative: Entweder sie suchen jetzt gemeinsam einen Platz im betreuten Wohnen mit Anschluss an stationären Pflege, oder Angelika würde das später ohne ihn entscheiden. Angelikas Vorteil: Sie war eine starke Frau, die in der Lage war, unangenehme Dinge anzusprechen. Der Vater gab unter diesem Druck nach und zog einige Wochen später in eine entsprechende Einrichtung für Senioren um. Doch es verging kein Tag, an dem er ihr nicht den Vorwurf machte, dass sie ihn abgeschoben habe: „Wenn deine Mutter das wüsste ..."

Für Angelika war dieser ständig über sie schwebende Vorwurf in den kommenden Jahren eine enorme psychische Belastung. Hatte sie ihren Vater wirklich abgeschoben? Hätte sie ihr Leben aufgeben und sich der Pflege widmen müssen? Fragen, die sie bis heute noch quälen und die typisch weiblich sind. Wolfgang dachte nicht in dieser Weise, weil er seiner Meinung nach alle Möglichkeiten für seine Eltern ausgeschöpft hatte.

Immer wieder maßt sich unsere Gesellschaft an, zu entscheiden, wer in der Lage ist zu pflegen und wie viel jeder Einzelne auszuhalten hat. Aber wissen wir wirklich, welche Belastung für wen möglich ist und für wen nicht?

Ist es immer so, dass Menschen, die nach außen stark erscheinen, auch viel aushalten und ertragen können? Oder haben auch sie das Recht, einen schwachen Moment zu haben?

Wäre Angelika zeit ihres Lebens als schwache Frau und mit leidendem Gesicht aufgetreten, hätte die Gesellschaft mehr Verständnis für sie gehabt. „Ach die arme Frau, die hat ja so viel mit sich selbst schon zu tun …"

Aber Angelika war eine attraktive und erfolgreiche Frau, die mit beiden Beinen im Leben stand. Ihr Sohn war zu dem Zeitpunkt längst aus dem Haus und studierte in einer anderen Stadt. Sie machte nicht den Anschein, als ob sie nicht auch noch die Pflege schultern könne. Der Ehemann verdiente obendrein auch nicht schlecht. Was maßt sie sich an?

Doch Frauen wie Angelika wird es immer mehr geben. Sie sind nicht mehr bereit, ihr Leben aus der Hand zu geben. Helfen? Ja, aber nicht um den Preis der „Selbstaufgabe" – und vor allem nicht, ohne vorher Bilanz gezogen zu haben.

Ist es nicht auch die Gesellschaft, die Frauen wie Angelika gerade in den letzten Jahren gezeigt hat, dass sie am Ende alleine dastehen, wenn sie sich voll und ganz für andere engagieren? Am Ende erhalten sie keine finanzielle oder gar gesellschaftliche Anerkennung!

Fazit: Es gibt sie nicht mehr, die Selbstverständlichkeit zur Übernahme der Pflege.

Muss ich pflegen, wenn ich nicht will?
Dazu stellt sich zunächst die Frage: Kann ich nicht, oder will ich nicht?

Sobald eine Pflegebedürftigkeit in der Familie auftritt, sollte sich jeder diese Frage stellen. Sind Sie beispielsweise beruflich stark eingebunden, ist es höchst unwahrscheinlich, dass Sie die Pflege der Eltern übernehmen können. Zwar gibt es immer mehr Firmen, die ihren Mitarbeitern die Möglichkeit eines unbezahlten Urlaubes geben, dennoch kann niemand wissen, wie lange die Pflegebedürftigkeit geht. In vielen Jobs ist es auch nahezu unmöglich, eine längere Zeit auszusteigen, ohne erhebliche Einbußen in der Karrierelaufbahn hinzunehmen. Schlimmstenfalls ist bei Wiedereintritt ins Berufsleben die Stelle von einem Kollegen besetzt, und man wird anderweitig eingesetzt. Wer also Vollzeit arbeitet, kann die Pflege nur in einem geringen Umfang übernehmen. Kleine Dienste, die sich auf die Wochenenden reduzieren, wie Wäsche waschen oder Rasen mähen, sind sicher noch machbar. Alles, was darüber hinausgeht, nicht mehr.

Intensive Pflege braucht Zeit

Ist die Pflegebedürftigkeit schon weiter vorangeschritten, lassen sich viele Dinge nicht mehr aufs Wochenende verschieben. Plötzlich ist mehr Präsenz gefragt, eventuell auch tagsüber. Anfangs wird der Versuch gestartet, Beruf und Pflege zu vereinbaren. Bald müssen Sie sich aber eingestehen, dass die Pflege nicht mit Beruf und Familie vereinbar ist. Spätestens jetzt muss klar sein: Wer Vollzeit arbeitet, kann nicht gleichzeitig selbst pflegen. Daraus erklärt sich auch, warum Pflege überwiegend weiblich ist. Allerdings wird übersehen, dass teilzeitarbeitende Frauen noch Kinder versorgen und den Haushalt managen. Sie sind zwar nur Teilzeit erwerbstätig, arbeiten aber dennoch Vollzeit!

Übrigens waren im Jahr 2011 in Deutschland 71 Prozent der Frauen erwerbstätig. Zehn Jahre zuvor lag die Zahl bei nur 62 Prozent! Über die Hälfte (genau genommen 54,4

Prozent) arbeiten in Vollzeit. Europäisch betrachtet liegt die Frauenerwerbsquote von Deutschland an fünfter Stelle. Schweden liegt mit 77 Prozent an erster Stelle, gefolgt von Dänemark, Finnland und den Niederlanden. Was die Erwerbsquote betrifft, misst sich Deutschland also mit den nordischen Ländern. Fragt man aber nach den vorherrschenden gesellschaftlichen Erwartungen (siehe oben), lehnt sich Deutschland an die südeuropäischen Länder wie Italien oder Griechenland. Aber wie passt das zusammen, wenn bei uns über 70 Prozent der Frauen arbeiten, Tendenz steigend?

Wer also Vollzeit arbeitet, muss sich im Klaren darüber sein, das eine intensive Pflege nicht zu schaffen ist.

Das trifft auch für diejenigen zu, die weiter entfernt von zuhause wohnen. Kaum möglich ist es auch in so einem Fall, eine Pflege über 200 Kilometer Entfernung dauerhaft aufrechtzuerhalten.

Jede Woche von Karlsruhe zum Bodensee

Marianne kann ein Lied davon singen. Ihre Mutter wohnt am Bodensee. Sie selbst im rund 200 Kilometer entfernten Karlsruhe. Jedes Wochenende fährt sie zu ihr und versucht der Mutter zu helfen, so gut es eben geht. Sie übernimmt die Hausarbeiten, kauft für die Woche ein und erledigt den Papierkram. Immer wieder versucht sie ihre Mutter zu überreden, doch zu ihr nach Karlsruhe zu ziehen. Da hätte sie es leichter, müsste nicht so viele Stunden im Auto sitzen und könnte am Wochenende auch mal wieder ihre Familie sehen. Doch die Mutter lehnt alle Vorschläge ab. Hier sei sie zuhause, und hier wolle sie auch bleiben. Zwei Jahre lang hält Marianne durch, bis sie am Ende ihrer Kräfte ist und der Mutter ein Ultimatum stellt. Entweder zu ihr nach Karlsruhe oder in eine seniorengerechte Einrichtung. Doch die Mutter bleibt stur und willigt weder in den einen noch in den anderen Vorschlag ein.

Trotz Ultimatum schafft Marianne den Absprung nicht. Sie fühlt sich moralisch verpflichtet und hat obendrein noch ein schlechtes Gewissen, weil sie ihre Mutter überreden wollte, ihre Heimat zu verlassen. Die Belastung wird allerdings in den folgenden Monaten so groß für sie, dass sie immer kränklicher wird. Zuerst handelte es sich nur um vorübergehende Krankheiten wie Magen-Darm-Virus, später entwickelte sich eine Depression bei Marianne, die zunächst nicht erkannt wurde. Erst eine Freundin, die selbst Jahre zuvor an einer Depression erkrankt war, überredete Marianne zu einem Termin beim Facharzt. Dort erhielt sie die Diagnose „Erschöpfungsdepression" (Burn-out). Eine Form der Depression, die sich entwickelt, wenn der Betroffene keine Gelegenheit zur Erholung findet.

Die erste therapeutische Maßnahme ist die Entfernung aus dem Konflikt- und Belastungsfeld, die Sicherstellung von ausreichend Schlaf und körperlicher Erholung. Urlaub oder Kur sind eine Möglichkeit. Nicht immer ist es für die Betroffenen möglich, sich aus dem Spannungsfeld zu ziehen. Eigentlich hatte Marianne noch Glück, rechtzeitig ihre Krankheit entdeckt zu haben. Freunde und ihr Mann halfen ihr bei der Entscheidung, sich nun um sich zu kümmern. Viele Menschen harren in ihrer Situation aus, ohne zu bemerken, dass sie auf dem Weg in eine Depression sind oder schon mitten drin stecken.

Bei ihrer Mutter wurde Marianne übrigens von ihrem Ehemann „krank gemeldet". So blieb der Mutter nichts anderes übrig, als sich zunächst zähneknirschend eine alternative Hilfe zu suchen. Sie fand eine Frau aus dem Nachbarort, die jeden Tag für ein paar Stunden ins Haus kam. Einige Wochen später erkannte die Mutter ihren Fehler und schrieb der Tochter einen Brief, in dem sie sich für ihren Egoismus entschuldigte. Sie versprach, gemeinsam einen Platz im Betreuten Wohnen an ihrem Heimatort zu suchen, sobald Marianne gesund sei.

Am Ende, könnte man sagen, hatte die Geschichte einen guten Ausgang. In vielen Fällen jedoch und in den vielen Briefen, die mich erreichten, war es nicht so. Selten kommt es vor, dass solch ein Einsehen wie bei der Mutter von Marianne stattfindet. Auch in diesem Fall hätte es anders ausgehen können, wären der Ehemann und die Freunde von Marianne nicht so bedingungslos zu ihr gestanden.

Doch was hätte Marianne tun können?
In ihrem Fall wäre der beste Weg gewesen, sich an eine Beratungsstelle für pflegende Angehörige in der Nähe ihrer Mutter zu wenden. Dort suchen Fachleute im Gespräch mit den Angehörigen nach Lösungen. Aus eigener Erfahrung weiß ich, dass ein Gespräch zwischen einer neutralen Person, z.B. von der Beratung, und dem Vater oder der Mutter viel effektiver sein kann. Bleibt man doch selbst oft in der Rolle des Kindes mit all den Ecken und Kanten, die man seit der Kindheit nicht mehr loswird. Da kann es schon Wunder bewirken, wenn ein Außenstehender in solch ein Familiengeflecht eindringt und vermittelt.

Vielleicht hätte die Mutter einer einfühlsamen Person, die obendrein noch vom Fach ist, besser zugehört. Unter Umständen wäre ein Umzug gar nicht nötig gewesen, sondern zunächst nur einmal die Installation von fremder Hilfe, damit die Tochter nicht jede Woche kommen muss.

Möglicherweise war der Mutter gar nicht bewusst, was sie ihrer Tochter aufbürdet und die Tochter wiederum war nicht in der Lage zuzugeben, wie sehr es sie belastet.

Die häufigsten Fehler in der Anfangsphase
Die ersten Anzeichen der Pflegebedürftigkeit sind da. Manch einer wirft sich jetzt Hals über Kopf in die Erfüllung der Aufgaben und vergisst dabei ein notwendiges Gespräch im Vorfeld zu führen.

Ich schaffe es allein

Nehmen wir Karen. Für sie ist von Anfang klar gewesen, dass sie ihren Eltern helfen wird. Karen wohnt rund 15 Kilometer vom Elternhaus entfernt. Als sie bemerkt, dass ihre Mutter immer mehr Schwierigkeiten mit dem Haushalt hat, hilft sie sofort mit. So weit, so gut. Doch immer mehr Aufgaben überrollen ihren ohnehin eng durchgetakteten Alltag. Die Tage reichern sich an mit Arztbesuchen, Medikamentenbesorgungen und sich häufenden Putzaktionen. Ihre beiden Geschwister, die rund 40 und 50 Kilometer weiter entfernt wohnen, ahnen nichts von der Betriebsamkeit ihrer Schwester. Karen hält es nicht für nötig, die beiden darüber zu informieren. Eigentlich könnten die es selbst einmal bemerken, wenn sie nur öfters vorbeischauen würden, denkt Karen. Es ist der Beginn eines Gefühls, das sich im Laufe der Zeit immer mehr bei Karen ausbreiten wird: eine Wut auf ihre Geschwister. Doch ist das gerechtfertigt?

Machen Sie den ersten Schritt

Bereits hier ist der erste Fehler erkennbar. Karen sollte gleich zu Beginn ihre Geschwister mit ins Boot holen. In dem Moment, in dem sie begreift, dass die Mutter Hilfe braucht, wäre ein Gespräch mit allen Familienmitgliedern gut und für den weiteren Verlauf wichtig. Und ich meine: alle! Auch die Mutter sollte bei dem Gespräch dabei sein. Immerhin geht es ja um sie und ihre Bedürfnisse. Da ist es nur richtig, dass sie mit entscheidet, falls ihr Gesundheitszustand es ermöglicht.

Leidet der betroffene Elternteil jedoch an beginnender Demenz könnte das Gespräch schwieriger werden. In so einem Fall empfiehlt es sich, zunächst nur unter den Geschwistern bzw. den Angehörigen die Lage zu erörtern. Schnell ist sonst die betreffende Person verletzt, da sie unter Umständen eine völlig andere Wahrnehmung hat.

In solch einem Gespräch, gleich zu Beginn, kann gemeinsam besprochen werden, wer welche Aufgaben erledigt, ohne dass sich bei einem der Beteiligten Wut aufstaut. Gewinnt die Wut jedoch die Oberhand, wird es schwierig, ein Gespräch auf sachlicher Ebene zu führen. Viel zu viele Emotionen haben sich aufgestaut und verhindern eine objektive Herangehensweise.

Feindliche Übernahme unerwünscht
Der Vater lebt seit vielen Jahren alleine in seiner Zweizimmerwohnung und kommt ganz gut zurecht. Jeden Monat besucht ihn sein Sohn mitsamt der Familie. Als der Sohn wieder einmal zu Besuch ist, stellt er fest, dass der Vater nicht mehr so korrekt gekleidet ist. Die Hose hat einen Fleck, und das Polohemd sieht auch nicht mehr so frisch aus. Der Sohn ist entsetzt über die beginnende Verwahrlosung seines Vaters. Er, der immer so großen Wert auf makellose Kleidung gelegt hat, vernachlässigt sein Äußeres. Sofort spricht sein Sohn ihn an. Er könne ihm einen Platz im Betreuten Wohnen besorgen, oder vielleicht hätte er lieber eine Pflegerin einschließlich Haushaltshilfe. So würde es ja nicht mehr weitergehen, das müsse er doch selber einsehen. Der Vater fühlt sich völlig überrumpelt und versteht überhaupt nicht das Problem. Er glaubt sich bevormundet und schaltet sofort auf stur. Die Luft wird eisig und das Stimmungsbarometer sinkt unter den Gefrierpunkt. Die Chance auf ein vernünftiges Gespräch ist vertan. Der Sohn fährt frustriert nach Hause und wird auch in der nächsten Zeit keine Möglichkeit auf ein vernünftiges Gespräch mehr haben.

Wir Kinder müssen lernen, dass unsere Eltern im Alter ein Selbstbestimmungsrecht haben. Allzu groß ist die Angst, im Alter nicht mehr selbstbestimmt leben zu dürfen. Umso vorsichtiger müssen die Kinder im Gespräch sein, damit sich keine Fronten aufbauen. Was ist so schlimm daran, wenn der

Vater einen Fleck auf seiner Hose hat oder ein ungebügeltes Hemd trägt? Auch wenn er in seinem bisherigen Leben großen Wert darauf gelegt hatte, könnte es doch sein, dass es ihm jetzt nicht mehr so wichtig erscheint. Na und?

Richtig wäre gewesen, den Vater vorsichtig nach eventuellen Gründen zu fragen. Ist die Waschmaschine vielleicht kaputt, hat er gesundheitliche Sorgen? Gemeinsam hätten Vater und Sohn, falls nötig, nach einem Weg gesucht. Doch die vorschnelle Art, gleich eine allumfassende Lösung anzubieten, bewirkt nur, dass der Vater sich vor den kleinsten Veränderungen fürchtet und sich verschließt.

Kinder sollten es bis zu einem gewissen Grad akzeptieren, dass Vater oder Mutter im Alter Gewohnheiten ändern oder gar ablegen. Wir sollten auch nicht immer mit unserem Maß messen, sondern verstehen, dass andere, wichtigere Dinge in den Vordergrund gerückt sind. Ich erinnere mich an einen Fall in einem Seniorenheim, von dem mir die Leiterin erzählt hat.

Eine Bewohnerin, die an Demenz erkrankt war, öffnete jeden Tag ihren Kleiderschrank und sortierte ihre Kleidung um. Den ganzen Vormittag war sie damit beschäftigt, was im Pflegeheim niemanden störte. Doch der Sohn fand dieses Verhalten inakzeptabel. Immer wieder suchte er das Gespräch mit der Heimleiterin, mit der Bitte, sie möge doch den Schrank absperren. Sämtliche Beteuerungsversuche seitens der Pflegefachkräfte, der Mutter würde diese Aktion doch nicht schaden, im Gegenteil, sie hätte eine Beschäftigung am Vormittag, fanden bei ihm kein Gehör. So musste das Heim den Schrank der Mutter absperren, was nun täglich dazu führte, dass diese sich darüber empörte.

Normen waren gestern
Was ich damit aufzeigen will, ist: Wir müssen uns freimachen von unseren Normen, die wir als angemessen empfin-

den bzw. die wir gelernt haben. Wenn es der betreffenden Person nicht schadet, stellt sich die Frage, warum wir überhaupt eingreifen müssen. Nur um eine von uns aufgestellte Norm aufrechtzuerhalten?

Anders verhält es sich natürlich, wenn es darum geht, gesundheitliche Schäden abzuwenden. Beispielsweise wenn gefährliche Treppen im Spiel sind oder die regelmäßige Ernährung nicht mehr gewährleistet werden kann. Wägen Sie immer ab, wann und wie stark Sie in das Leben Ihrer Eltern eingreifen wollen und müssen!

Sind Sie nicht sicher, ob und was Sie unternehmen müssen, dann gehen Sie zu einer der vielen Beratungsstellen im Land. Jedes Bundesland in Deutschland hat mittlerweile ein starkes Netz aufgebaut. Sie nennen sich Pflegestützpunkte oder Fachstellen für pflegende Angehörige. Dort finden Sie kompetente Ansprechpartner, die Ihnen völlig kostenfrei mit Rat und Tat zur Seite stehen.

Adressen finden Sie am Ende des Buches.

3. SCHICKSALHAFTE ENTSCHEIDUNGEN ODER: WENN ELTERN HILFE VERWEIGERN

Nicht jeder glaubt an das Schicksal. Ich übrigens auch nicht. Wir leben in einem Land, in dem wir fast immer die Wahl haben. Es gibt verschiedene Wege zu einem Ziel, unterschiedliche Angebote, und wir können die verschiedensten Anregungen erhalten, um uns schließlich für eine Sache zu entscheiden. Und in fast allen Fällen haben wir die Wahl, dieses oder jenes zu tun. Wir entscheiden aufgrund von Tatsachen, Meinungen, Vorlieben, Wünschen oder persönlichen Prägungen.

Zugegeben, nicht immer haben wir die finanziellen Mittel, um alle Angebote anzunehmen oder den gewünschten Weg zu gehen. Doch Geld spielt im Moment ausnahmsweise eine untergeordnete Rolle. Denn auch der, der wenig Geld hat, muss täglich Entscheidungen treffen, die sein Leben beeinflussen werden.

Sprechen wir doch einfach mal über zwischenmenschliche Beziehungen. Es ist ganz allein meine Entscheidung, ob ich viele Freunde und Bekannte habe oder eben nur ganz wenige oder vielleicht überhaupt keine. Ob ich den Kontakt mit meinen Nachbarn pflege, meine Kinder in allen Lebenslagen zu unterstützen versuche, oder ob ich mich allein durch das Leben kämpfe. Ich habe die Wahl!

Ich kann Hilfe anbieten, gar aufdrängen oder es auch einfach lassen. Genauso kann ich Hilfe annehmen oder ablehnen. Solange ich noch „Herr oder Frau meiner Sinne" bin, möchte ich auch, dass dies so respektiert wird. Wenn ich keine Hilfe benötige, soll man mich in Ruhe lassen. Auch wenn unter Umständen ein nahestehender Mensch anderer Meinung ist, muss das respektiert werden.

Ich trage wie eh und je die Verantwortung für meine Entscheidung. Das tue ich ja eigentlich schon seit dem 18. Lebensjahr. Wieso sollte sich das mit 80 Jahren plötzlich ändern?

Die Sorgen der Angehörigen

Doch wird ein Mensch alt und gebrechlich, bleibt er ohne Partner/in zurück, fangen die nächsten Angehörigen an, sich Sorgen zu machen. Sie schauen plötzlich genauer hin und stellen fest, dass beispielsweise die Treppe in den Keller für die Mutter eigentlich viel zu gefährlich ist. Zwar geht sie die schon seit 30 Jahren rauf und runter, aber nie war sie so wackelig wie heute. Was, wenn sie das Gleichgewicht verliert?

Genau so fing es bei der Mutter von Kirsten an. Sie lebte alleine in einem kleinen Haus auf dem Dorf. Die Kellertreppe war noch nie ein Thema für sie. Aber seit dem letzten Sturz bei Glatteis im vorangegangenen Winter ist sie sehr unsicher auf den Beinen. Jedes Mal, wenn Kirsten ihre Mutter bei ihrem wackeligen Gang beobachtet, spielt sich für sie ein Horrorszenario im Kopf ab. Darin stürzt die Mutter die Treppe hinab und liegt dort stundenlang ohne Hilfe. Ganz zu schweigen von den vielen kleinen Teppichen, die in ihrer Wohnung als Stolperfallen herumliegen. Kirsten macht sich große Sorgen um ihre Mutter und versucht täglich, mit ihr Kontakt aufzunehmen. Mal per Telefon, mal auch persönlich durch einen Besuch. Sie wohnt 30 Kilometer entfernt und fährt eigentlich nicht mehr so gerne Auto. Dennoch will sie nicht riskieren, dass ihre Mutter unter Umständen nach einem Sturz unentdeckt liegen bleibt.

Kontrolle? Nein danke!

Da jedoch die Mutter nicht immer das Telefon hört und es auch vorkommen kann, dass der Hörer nicht richtig aufgelegt ist, häufen sich für Kirsten die Fahrten zum Haus der

Mutter. Nachdem sie einer Freundin ihr Leid geklagt hat, gibt die ihr einen Tipp. Warum nicht der Mutter ein Hausnotrufgerät bestellen? Damit wäre sie den ganzen Tag in der Lage, im Notfall Hilfe anzufordern. Kirsten ist ganz begeistert von der Idee und eilt sofort zu ihrer Mutter, um ihr davon zu berichten. „Ist doch toll, Mutti. Da bist du rund um die Uhr gesichert, und ich bin auch etwas entspannter", erklärt sie ihrer Mutter. Doch die ist überhaupt nicht begeistert. „Du meinst wohl, rund um die Uhr bewacht?!", kontert sie. Trotz hieb- und stichfester Argumente kann Kerstin sich nicht durchsetzen. Die Mutter bleibt bei ihrer Meinung. Den Schlüssel will sie nicht an fremde Leute geben. Und überhaupt hat ein Bekannter noch mit 95 Jahren auch ohne solch ein Gerät zu Hause gut gelebt. Da müsse sie doch mit ihren jungen 82 Jahren noch lange keine Überwachung haben!

Kirsten berät sich mit ihrem Bruder, der 500 Kilometer entfernt wohnt. Der allerdings findet, dass Mutter es selbst entscheiden müsse. „Wenn sie nicht will, kannst du nichts machen", meint er. Da hat er zweifelsohne recht. Kirsten wird sich auch in den nächsten Monaten nicht durchsetzen.

Doch wie soll sich Kirsten jetzt verhalten? Ein bisschen hatte sie ja gehofft, dass die Mutter einlenkt, damit sie wieder etwas mehr Ruhe findet. Ständig verfolgt sie das Gefühl, sie müsse vorbeischauen oder anrufen. Wie soll sie damit umgehen? Wenn etwas passiert, ist es ihre Schuld, denkt Kirsten. Doch das ist falsch. Von Schuld kann keine Rede sein. Überhaupt finde ich, dass wir viel zu sehr immer nach einem Schuldigen suchen. Die Mutter hat sich entschieden, kein Notrufgerät zu installieren. Sie hat Angst vor Veränderungen und will keine neuen Strukturen zulassen. Sicher eine Form des Altersstarrsinn. Davon sind viele Menschen im Alter betroffen.

Es könnte auch eine Vorstufe einer Demenz sein. Aber es kann auch schlichtweg nur der Charakter eines Menschen sein, der schon immer seinen eigenen Kopf hatte.

Gespräch mit dem Hausarzt

Ein Weg wäre es, wenn Kirsten Kontakt mit dem Hausarzt aufnähme und versuchte, ihn von der Idee mit dem Hausnotrufgerät zu überzeugen. – Das dürfte nicht weiter schwer sein, weil die meisten Ärzte das befürworten. Sorgt das Gerät doch dafür, dass die alten Menschen länger und vor allem etwas sicherer zu Hause leben können. Und oft haben die Ärzte einen wesentlich größeren Einfluss auf die Eltern und auch die besseren Argumente.

Sollte es noch Bekannte oder Freunde der Mutter geben, gäbe es die Möglichkeit, sie mit einzubeziehen. Vielleicht können sie die Mutter doch noch überzeugen.

Hilft alles nichts, muss Kerstin sich überlegen, wie sehr sie sich für die Entscheidung ihrer Mutter verantwortlich fühlt. Da ihre Mutter geistig klar ist und sie sich der Gefahren bewusst ist, trägt Kerstin keine Verantwortung für etwaige unbemerkte Stürze.

Dennoch sollte sie ihrer Mutter eindringlich erläutern, dass sie nicht in der Lage ist, täglich bei ihr vorbeizufahren. Weiß die Mutter um die Sorge ihrer Tochter und bleibt dennoch bei ihrer Entscheidung, muss sie auch die eventuell folgenden Konsequenzen tragen.

Welches Risiko gehen wir ein und zu welchem Preis? Das ist eine Frage, die jeder für sich selbst entscheidet. Auch wenn er oder sie 85 Jahre oder älter ist.

Mangelnde Information führt zur Fehlentscheidung

In einem anderen Fall hat sich der Lebensgefährte einer Bekannten, der durch einen Schlaganfall stark behindert war, auch einem Notrufgerät verweigert. Seine Angst lag darin begründet, dass er befürchtete, bei jedem Notruf ins Krankenhaus gebracht zu werden. Und das wollte er auf keinen Fall. Da es sich hier um mangelnde Information handelte, dachte ich, mit einem Aufklärungsgespräch wäre die Sache vom Tisch. Doch weit gefehlt. Nach wie vor konnte er sich nicht dazu entschließen. Unzählige Male raste seine Lebensgefährtin unvermittelt nach Hause, weil sie ihn am Telefon nicht erreichen konnte und sich große Sorgen machte. Meist gab es harmlose Gründe, weshalb er nicht ans Telefon ging. Jedes Mal jedoch fuhr sie mit rasender Angst heim und traute sich letztendlich fast gar nicht mehr aus dem Haus.

Eines Tages setzte ich mich bei einer Gelegenheit neben ihn und erzählte von meiner Erfahrung im Umgang mit älteren Menschen. Wie sehr sich oft die Leute weigerten, sinnvolle technische Hilfsmittel anzunehmen. Dabei kamen wir dann auch auf ein Notrufgerät zu sprechen. Ich sagte ihm auf den Kopf zu, dass es eigentlich gar nicht so sehr um ihn gehe als um seine Lebensgefährtin. Ob er wohl daran schon mal gedacht habe? Verdutzt sah er mich an und sagte nichts mehr. Aber eine Woche später erfuhr ich, dass er nach einem Hausnotrufgerät gefragt hatte.

So ist es also sinnvoll, dem Betroffenen aufzuzeigen, dass sein Verhalten nicht nur für ihn selbst Konsequenzen hat, sondern auch für den Angehörigen. Vielen ist das gar nicht bewusst. Wenn sie dann so deutlich darauf hingewiesen werden, ändern sie möglicherweise ihre Haltung.

Nun kenne ich aber viele Fälle, in denen das Gespräch wenig genutzt hat. Die betroffenen Eltern oder Elternteile sind bei ihrer Meinung geblieben und weigern sich, externe Hilfe anzunehmen. Das stellt die Angehörigen meist vor große Probleme, weil sie nicht immer selbst in der Lage sind, so zu helfen, wie sie es gerne möchten.

In einem zweiseitigen Brief beschrieb mir eine Leserin detailliert ihren Tagesablauf, bei dessen Fülle an Aufgaben mir richtig schwindelig wurde. Neben ihrer eigenen Familie, dem Bürojob bei ihrem Mann, der selbstständig ist, kocht und managt sie noch den Haushalt der pflegebedürftigen Eltern. „Meine Eltern mögen keine Tiefkühlkost, und das

Essen auf Rädern schmeckt ihnen auch nicht. Das haben wir schon ausprobiert", schreibt sie. Nun fährt sie täglich mittags in das zwei Kilometer entfernte Haus der Eltern und bringt ein Mittagessen vorbei. Fremde Leute sollen auch nicht ins Haus kommen, deswegen putzt und wäscht sie obendrein für die beiden. „Was soll ich nur machen? Sie haben mich doch großgezogen?", fragt sie mich in einer Mail.

Kinder sind keine Pflegesklaven

Meine Antwort wird ihr nicht gefallen. Die Tatsache, dass Eltern ihre Kinder großgezogen haben, berechtigt sie nicht, diese später auszubeuten. Wir leben im 21. Jahrhundert, und niemand hat das Recht, seine Kinder als Pflegesklaven zu benutzen. Auch Eltern haben trotz Krankheit und Gebrechlichkeit die Pflicht, eine tragbare Lösung für alle zu finden.

Im obigen Fall handeln die Eltern sehr egoistisch und nutzen meiner Meinung nach die Hilfsbereitschaft ihrer Tochter aus. Ob bewusst oder unbewusst, das sei dahingestellt.

Die Tochter wiederum will ihre Eltern nicht enttäuschen und tut alles, was von ihr erwartet wird, obwohl ihr eigenes Leben schon längst aus den Fugen geraten ist. Da beide Elternteile nachweislich nicht dement sind, könnte die Tochter durchaus ihr Hilfsangebot einschränken. Vermutlich ist sie versehentlich und schrittweise in ihre neue Rolle hineingestolpert und kommt jetzt nicht mehr heraus. Anfangs stellte es keine große Belastung für sie dar, mal ein Essen für die Eltern zu kochen und auch hin und wieder die Wohnung zu säubern. Doch im Laufe der Zeit, mit fortschreitender Pflegebedürftigkeit, wurden die Aufgaben immer zeitaufwendiger. Und die Eltern hatten sich bereits an den Service der Tochter gewöhnt und wollten nicht mehr darauf verzichten.

Das ist nun das Dilemma der Tochter. Eine Aufgabe, die anfangs wenig Belastung mit sich brachte, nun aber kaum mehr zu bewältigen ist. Die Sturheit der Eltern, kombiniert mit dem moralischen Pflichtgefühl der Tochter, führt zu einer immer größer werdenden Pflegeblase (abgeleitet von der Immobilienblase), die in Hass, Wut, Frust oder Depression enden kann. Das sollte gestoppt werden, bevor die Situation eskaliert.

Das offene Gespräch muss sein!
Wie in den meisten Fällen, muss auch in einer solchen Situation die Tochter versuchen, ein ehrliches Gespräch mit den Eltern zu führen. Sollte dies nicht möglich sein, bittet man Außenstehende um Hilfe. Den Eltern muss klar gemacht werden, dass die Tochter nur in einem bestimmten Umfang helfen kann, da sie noch ein eigenes Leben führt. Tiefkühlkost, Essen auf Rädern oder auch eine Haushaltshilfe könnten dazu beitragen, die Tochter zu entlasten. Bleiben die Eltern weiterhin stur, sollte die Tochter trotzdem ihre Hilfe einschränken.

Der Gesprächsaufbau
Ehrlichkeit ist die beste Strategie. Deswegen würde ich in einem Fall wie diesem dazu raten, ganz freundlich um ein Gespräch zu bitten. Sagen Sie ruhig, es gehe um die Pflegesituation, die Sie neu organisieren wollen und müssen. Notieren Sie sich vorab ein paar Vorschläge, die Sie ihren Eltern machen wollen. Vielleicht kennen Sie jemanden aus dem Umfeld, der auch Essen auf Rädern bekommt. Erzählen Sie davon.

Beginnen Sie das Gespräch damit, dass Sie davon berichten, wie es Ihnen geht und wie Ihr Alltag im Moment aussieht. Erklären Sie Ihren Eltern, dass Sie durchaus deren Situation verstehen, aber sie auch um ihr Verständnis bitten. Machen Sie deutlich, dass es eine Lösung geben muss, mit der beide Parteien zufrieden sind. Ihren Eltern oder Ihrem

Elternteil muss klar sein, dass Sie zwar helfen wollen, aber nicht mehr lange durchhalten, wenn sich nichts ändert. Es ist keine Schwäche, zuzugeben, dass man mit der Vielzahl der Aufgaben nicht mehr klarkommt. Viel schlimmer ist es, die Augen davor zu verschließen und auf den Abgrund zuzusteuern.

Der Weg zur Mediation
Wenn Sie selbst es nicht schaffen, bemühen Sie sich um einen Mediator. Mediatoren sind darauf geschult, zwischen zwei Parteien zu vermitteln. Oft haben Psychologen eine Zusatzausbildung, möglicherweise finden Sie eine Fachkraft aus der Altenpflege als Mediator. Diese Zusatzausbildung zur Mediation können alle Berufszweige absolvieren. Mit Hilfe eines Mediators kann es in der Familie besser gelingen, die gegenseitige Wertschätzung zu festigen und alte, eingefahrene Strukturen, in denen Kind und Eltern gefangen sind, aufzulockern. Die Bereitschaft, neue Wege zu gehen, ist dann um ein Vielfaches höher.

Seien Sie nicht zu feige, diesen Weg zu gehen. Auch wenn er unter Umständen anfangs ein wenig schmerzvoll ist, werden die folgenden Jahre für Sie und den zu Pflegenden eine wertvolle Weichenstellung sein. Denken Sie immer daran, dass sich eine Pflege über viele Jahre erstrecken kann!

Darf man NEIN sagen?
Ist es verwerflich etwas abzulehnen? Nein! Muss man ein schlechtes Gewissen haben? Auch das nicht. Mittlerweile gibt es in Deutschland unendlich viele ambulante Hilfen, die sich jeder leisten kann bzw. die die Pflegeversicherung bezahlt (*siehe Pflegestärkungsgesetz am Ende des Buches*).

Richtig ist allerdings auch, dass unsere Pflegeversicherung eine Teilkaskoversicherung ist und nicht alle Kosten der Pflege übernimmt.

Essen auf Rädern ist nicht dabei und sicher auch nicht die günstigste Lösung. Eine Alternative wäre z. B. Tiefkühlkost aus dem Supermarkt, die es in fast allen Gefriertruhen gibt. Dennoch scheitert es oftmals gar nicht am Geld, sondern an der Bereitschaft der Betroffenen.

Doch sind die Kinder für alle Entscheidungen der Eltern verantwortlich? Meist stellt sich die Frage erst, wenn einer der Elternteile verstirbt und Vater oder Mutter allein zurückbleiben.

Demenz lässt Abmachungen vergessen

Bei Thorsten ist der Vater verstorben, und die Mutter blieb alleine zurück. Kurz nach dem Tod des Vaters unterhielten sich Sohn und Mutter über die kommenden Jahre. Die Mutter war sehr realistisch und versprach ihrem Sohn, ins Altersheim zu gehen, sobald sie pflegebedürftig werden würde. So weit, so gut. Doch als bei der Mutter ein paar Jahre später die Demenz einsetzte, wusste sie von dem Gespräch nichts mehr. Sie konnte sich gar nicht mehr vorstellen, jemals einen solchen Gedanken gehabt zu haben. Thorsten war verzweifelt, weil er zusehen musste, wie seine Mutter immer mehr Schwierigkeiten im Alltag bekam. Mal war es die vergessene Herdplatte, mal der unauffindbare Haustürschlüssel. Und irgendwann war klar, dass die Mutter nicht mehr alleine bleiben konnte. Es blieb nur noch der Weg in eine beschützte Einrichtung. Thorsten hatte ein furchtbar schlechtes Gewissen, weil er seine Mutter gegen ihren Willen ins Heim brachte. Doch was wäre die Alternative gewesen?

Woher kommt nur das schlechte Gewissen?

Ein schlechtes Gewissen hat der Mensch, wenn er etwas tut womit er jemanden schadet oder verletzt. Und hier liegt für Thorsten das Problem. Seine Mutter ist verletzt, weil sie nicht versteht, warum Thorsten das tut. Aber Thorsten hat bloß größeren Schaden von ihr abgewandt. Dennoch ist es nur zu verständlich, dass nun ein schlechtes Gewissen in Thorsten wütet. Der Sohn muss sich bewusst machen, dass er keine andere Wahl hatte. Die Mutter hätte vermutlich über kurz oder lang sich und andere gefährdet. Er war also gezwungen, seine Mutter sicher unterzubringen. Wer Ähnliches mit Vater oder Mutter erlebt, sollte wissen, dass sich die Wahrnehmung einer demenzerkrankten Person verändert. Er oder sie kann unsere Handlungsweise oft nicht mehr verstehen und lebt in einer eigenen Welt. Trotzdem müssen wir alles tun, um den Menschen zu schützen. Auch, wenn das bedeutet, ihn gegen seinen Willen in eine beschützte Unterkunft zu bringen.

Eltern werden zu Kindern

Bei einem weinenden Kind machen wir uns weniger Gedanken, wenn es auf ein viel zu dünnes Eis gehen will, das noch keinen Menschen tragen kann. Wir verbieten es unserem Kind, weil wir wissen, dass es viel zu gefährlich ist. Wer kennt sie nicht, die herzzerreißenden Heulattacken eines Dreijährigen, der das überhaupt nicht einsehen will und sich nur um sein Vergnügen gebracht sieht?

Haben wir ein schlechtes Gewissen? Vermutlich nicht, denn wir wissen, dass wir vernünftig gehandelt haben. Wir haben unser Kind vor einer Gefahr geschützt!

Warum haben wir es dann bei unseren Eltern? Es liegt am ungewollten und unerwarteten Rollenwechsel zwischen Kind und Eltern. Zeit unseres Lebens waren die Eltern diejenigen, die unser Leben mitbestimmt haben. Sozusagen eine höhere Instanz. Zwar haben wir uns zwischenzeitlich abgenabelt, doch das Rollenverständnis bleibt erhalten. Und nun sollen wir plötzlich die Entscheidungen im Leben der Eltern treffen, und das auch noch gegen deren Willen? Kein Wunder, dass uns das schwerfällt. Dennoch müssen wir lernen, damit umzugehen.

Das beginnt damit, dass man sich selbst zunächst eingesteht, unter einem schlechten Gewissen zu leiden. Es ist völlig natürlich, dieses Gefühl zu entwickeln. Im nächsten Schritt muss man sich darüber im Klaren sein, dass es keine Alternative gegeben hat. Stellen Sie sich vor, was passiert wäre, wenn Sie diesen Schritt nicht gegangen wären. Was hätte alles passieren können und welchen Schaden hätte ihre Mutter oder Vater dann davongetragen? Wenn Ihnen das Urteil anderer Menschen zu schaffen macht, dann stellen Sie sich die Frage: Was hätten die Nachbarn denn gedacht, wenn Sie nicht gehandelt hätten? Wäre deren Urteil vielleicht noch strenger ausgefallen?

Vergleichen Sie nicht Äpfel mit Birnen
Hören Sie nicht auf das Geschwätz von Menschen, die nicht selbst betroffen sind. Die meisten von ihnen haben keine Ahnung, was Sie gerade durchmachen. In fast allen Briefen, die mich erreichten, stand der Satz: „Wer es nicht selbst durchlebt hat, weiß nicht, von was wir hier reden." Dem kann ich nur zustimmen.

Auch wenn jemand sich in einer ähnlichen Situation befindet, kann der Demenzkranke dennoch ein völlig anderes Krankheitsbild zeigen. Es gibt verschiedene Demenzerkrankungen mit den unterschiedlichsten Auswirkungen auf den Menschen selbst.

Außerdem geht es auch um Ihre persönliche Situation. Wie können Sie damit umgehen? Haben Sie Zeit und Nerven für den Betroffenen bzw. die Betroffene? Auch hier gilt: Nicht alle haben die gleiche Ausdauer und Geduld. Wie stark ruhen Sie im Moment in sich? Gibt es um Sie herum gerade noch viele andere Dinge, die Sie stark beanspruchen oder belasten?

Glauben Sie mir: Es gibt sie nicht, die EINE Pflegesituation, ebenso wenig wie den EINEN Pflegenden. Deswegen sollte jeder so handeln, wie er es für den Betroffenen und für sich selbst als richtig empfindet.

Liste gegen das schlechte Gewissen

Da ich eigentlich ein Spezialist für schlechtes Gewissen in der Elternpflege bin, möchte ich Ihnen sagen, welche Strategie ich dagegen ergriffen habe.

Eines Tages, nachdem ich mal wieder frustriert von einem Besuch bei meinen Eltern nach Hause kam und mich mein Gewissen plagte, zu wenig Zeit für die Eltern zu haben, machte ich mir einen Zettel. Darauf listete ich alles auf, was ich für meine Eltern täglich und wöchentlich tat. Darunter schrieb ich alles auf, was ich insgesamt in all den Jahren schon gemacht hatte.

Ich war selbst überrascht, wie viel ich schon für meine Eltern organisiert hatte und noch täglich für sie tat. Erst jetzt wurde mir bewusst, dass ich eigentlich kein schlechtes Gewissen zu haben brauchte. Mehr kann einfach nicht getan werden, dachte ich mir.

Der Zettel hing an meiner Bürowand. Immer wenn mich ein schlechtes Gefühl überkam, las ich den Zettel. Das hat mir geholfen, gegen dieses schlechte Gefühl anzukämpfen.

Eigentlich hätte ich auch all die Angebote, die ich meinen Eltern gemacht hatte und die sie meist abgelehnt hatten, darauf schreiben können. Ganz bestimmt wäre noch einmal eine ganze Seite hinzugekommen. Angefangen mit den vielen Veranstaltungen für Senioren aus unserem Ort, die sie nicht mehr besuchen wollten, bis hin zu gemeinsamen Kur- und Reha-Aufenthalten, die beide auch für völlig sinnlos erachteten. Alles wurde rigoros abgelehnt.

Andererseits beschwerten sie sich über die Einsamkeit zuhause und über ihren schlechter werdenden Gesundheitszustand. Sie fühlten sich vergessen von der Welt. Doch war es nicht so, dass sie die Welt vergessen bzw. verweigert hatten?

Können wir erwarten, dass die Welt zu uns kommt? Ist es nicht so, dass wir dafür auch mal die Türen öffnen müssen?

Wer sich gegen sämtliche Unterstützungsleistungen und Hilfsangebote entscheidet, alle Türen verschließt und sich selbst keine Chance gibt, der will nicht umgestimmt werden. Punkt!

Und irgendwann muss die Schlussfolgerung die sein, dass der Mensch so leben will, wie er lebt, und seine Wahrnehmung eine andere ist als vielleicht die Ihrige.

Kinder haften nicht für ihre Eltern.

Es kommt oft genug vor, dass vermeintlich gut gemeinte Angebote der Kinder von den Eltern oder einem Elternteil abgelehnt werden. Irgendwann müssen die Kinder die Entscheidungen akzeptieren und daraus entsprechende Konsequenzen ziehen.

Ich möchte Ihnen von einem Fall erzählen, der zunächst vielleicht etwas befremdet.

Die Tochter wendet sich ab

Eine Tochter wohnt nicht weit weg von ihrem Vater. Die Eltern sind geschieden worden, als die Tochter 16 Jahre alt war. Der Kontakt zu ihrem Vater war über die vielen Jahre durchschnittlich. Sie telefonierten alle paar Monate mal und besuchten sich zu Geburtstagen und Weihnachten. Trotz der Besuche war die Beziehung nicht sonderlich eng.

Seit einigen Jahren hat der Vater eine Lebensgefährtin, die mit ihm gemeinsam in der Wohnung lebt. Eines Tages erreicht die Tochter ein Anruf der Lebensgefährtin, die sie um Hilfe bittet, da der Vater zunehmend schwieriger wird. Sofort eilt die Tochter zu den beiden und versucht zunächst, die Situation zu analysieren. Ihr fällt auf, dass der Vater nicht nur Schwierigkeiten mit der Koordination hat, sondern dass ihm auch der Kaffee das ein oder andere Mal aus dem rechten Mundwinkel läuft. Als sie ihn drauf anspricht, wird er ungehalten und wirft ihr vor, ihn ständig zu beobachten. Sie bittet ihn, zu einem Arzt zu gehen, was er aber ablehnt. Er gehe nicht bei jeder Kleinigkeit zum Arzt, sagt er.

Zuhause informiert sich die Tochter und sieht sich in ihrem Verdacht bestätigt. Der Vater hatte vermutlich einen kleinen Schlaganfall. Ein paar Tage später ruft sie ihren Vater an und will ihn noch einmal bitten, zum Arzt zu gehen. Sie erreicht allerdings nur die Lebensgefährtin, die keinen Einfluss auf seine Entscheidung hat.

In den nächsten Monaten versucht die Tochter in Gesprächen oder Telefonaten immer wieder, den Vater von einem Arztbesuch zu überzeugen. Doch der will weiterhin nichts davon hören, und er verschließt sich anderen Menschen gegenüber immer mehr. Insgesamt verändert sich sein ganzes Verhalten. Er ist ständig gereizt, reagiert auf Kritik extrem empfindlich, und es scheint, als wäre seine ganze Lebensfreude verschwunden.

Seine Lebensgefährtin zieht sich immer mehr aus seinem Leben zurück. Die Tochter sieht sich als letzte Instanz, die ihrem Vater helfen kann. Doch sämtliche Hilfsangebote und Vorschläge werden abgelehnt. Sein physischer Gesundheitszustand verändert sich wenig, dennoch macht die Tochter sich Sorgen, dass ein weiterer Schlaganfall den Vater ereilt. Sie selbst steht der Situation hilflos gegenüber und leidet zwischenzeitlich auch gesundheitlich unter dem Druck der Verantwortung. Sie will sich aber nicht mehr für etwas verantwortlich fühlen, das sie nicht beeinflussen kann. Sie leidet unter der für sie untragbaren Situation und entscheidet sich letztendlich dafür, den Kontakt zum Vater abzubrechen.

Was bewirkt ein Kontaktabbruch?
Möglich war dieser Kontaktabbruch, weil die Tochter psychologische Unterstützung bekam und sich in den letzten

Jahren vom Vater emotional distanziert hatte. Trotzdem war es für sie ein schmerzhafter Prozess, der aber nach einiger Zeit einen heilenden Effekt hatte. Tatsächlich war sie froh, ihren uneinsichtigen Vater nicht mehr sehen zu müssen. Sie fand ohnehin, dass er sich früher viel zu wenig um sie gekümmert hatte. Der Rückzug glich einem längst überfälligen Befreiungsschlag.

Die Lebensgefährtin, die sich auf Kosten der Tochter zurückgezogen hatte, übernahm wieder mehr Verantwortung. Und interessanterweise gab es plötzlich jemanden von der Sozialstation, der nun einmal die Woche den Vater besuchte. Von einem Tag auf den anderen ließ der Vater Hilfe zu – nachdem die Tochter aus seinem Leben verschwunden war.

Ob ein Kontaktabbruch immer solche Folgen nach sich zieht, ist fraglich. Aber es stimmt schon: Meist bedarf es einer Schocksituation, beispielsweise der Verschlimmerung des Gesundheitszustandes oder, noch schlimmer, eines Unfalls. Erst dann wird der betroffenen Person klar, wie wichtig es gewesen wäre, Hilfe zuzulassen.

Der Weg des Kontaktabbruches sollte jedem offen stehen. Auch Sohn oder Tochter haben das Recht, bei übermäßiger Belastung, insbesondere wenn es an die eigene Substanz geht, den Rückzug anzutreten. Oftmals ist das der letzte Weg, um sich selbst zu retten. Sicher, nur der letzte Schritt, der aber erlaubt sein muss. Erst wenn kein Kompromiss zu finden ist und einem der Beteiligten aus dem Fortbestehen der Beziehung in jedweder Form Schaden droht, ist ein vollständiger Beziehungsabbruch zu bevorzugen.

Sinnvoll wäre es, dabei die begleitende Unterstützung eines Psychologen, Psychiaters oder Psychoanalytikers zu suchen.

Dennoch empfehle ich unbedingt einen Versuch zu einem klärenden Gespräch. Wer einen Kontaktabbruch ohne vorherige Warnung vollzieht, hinterlässt möglicherweise einen traumatisierten Menschen. Das sollte jedem klar sein, der diesen Schritt ohne Ankündigung vollzieht.

Kinder, die sich zu diesem schweren Schritt entscheiden, sollten die umliegende Sozialstation benachrichtigen.

Anders verhält es sich, wenn Demenz im Spiel ist. In solch einem Fall kann man den Betroffenen nicht sich selbst überlassen. Hier empfiehlt es sich, einen gesetzlichen Betreuer einzusetzen, der sich um die Angelegenheiten der demenzkranken Person kümmert. Zuständig für die Anordnung einer Betreuung ist das Betreuungsgericht (Teil des Amtsgerichts). Hier kann der Betroffene selbst einen Antrag stellen oder Dritte die Einrichtung einer Betreuung anregen. Hilfestellung hierzu geben die Allgemeinen Sozialen Dienste, die örtlichen Betreuungsbehörden, Betreuungsvereine sowie fachkundige Rechtsanwälte.

Der Fall Elisabeth

Ganz anders war der Fall von Elisabeth. Ihr Brief erreichte mich kurz nach Erscheinen meines ersten Buches. Sie schildert darin ihren langen Leidensweg in der häuslichen Pflege. Wie sie zu Beginn der Pflegebedürftigkeit der Mutter versuchte, das Bestmögliche für sie zu machen. Doch die fortschreitende Krankheit Alzheimer machte es für sie immer schwerer, die Betreuung aufrechtzuerhalten. Die Mutter wurde aggressiv und bösartig gegenüber Elisabeth. Sie musste tägliche Beschimpfungen ertragen, nächtliche Notrufe verhinderten ihre Nachtruhe. Mit Hilfe des Hausarztes erwirkte Elisabeth eine Einweisung in die Psychiatrie, in der die Mutter zunächst medikamentös eingestellt werden sollte. Nach einem längeren Aufenthalt in der Klinik kam die Mutter in ein Pflegeheim. Elisabeth hingegen gab die Betreuung ab und zog sich völlig zurück. Drei Jahre hatte sie keinen Kontakt mehr zu ihr.

Sie schreibt: „Ich konnte meine Mutter nicht einmal mehr besuchen. Ihre böse Art all die Jahre haben mich so verletzt, dass ich sie nicht mehr ertragen kann. Ob sie mich erkennt, ist sowieso fraglich. Daher glaube ich, es ist besser, ich setze mich ihren Attacken nicht mehr aus."

Sicher war das keine leichte Entscheidung. Aber in Elisabeths Situation vermutlich genau die richtige. Weiter schreibt sie, dass sie immer noch einen Groll auf ihre Mutter hegt und hofft, ihr irgendwann einmal verzeihen zu können.

Herz und Verstand klaffen in so einer Belastungssituation weit auseinander. Ein Außenstehender mag denken, die Tochter müsse doch die Krankheit der Mutter in den Vordergrund stellen und die Beschimpfungen nicht persönlich nehmen. Aber wer dies schon selbst erlebt hat, weiß, dass das kaum möglich ist. Vor allem, wenn die Persönlichkeitsveränderung des Vaters oder der Mutter bereits über einen sehr langen Zeitraum ertragen wurde. Angesichts der Eltern-Kind-Beziehung, die hier erschwerend hinzukommt, ist eine Betrachtung und Bewertung der Situation auf sachlicher Ebene schier unmöglich.

Auch für Elisabeth wird es lange dauern, bis sie die psychischen Verletzungen verarbeitet hat. Wenn so viele böse Worte von einem Menschen zu ertragen waren, der nichts mehr mit dem Vater oder der Mutter von früher gemein hat, verliert sich im Laufe der Zeit die Liebe zu den Eltern.

Wenn die Liebe verloren geht

Jede Liebe wird genährt durch die Persönlichkeit, die Gesten, die Mimik und die Sprache einer Person. Sind all diese Faktoren ins Negative verkehrt, woran sollen wir dann unser Gefühl noch festmachen? Also ist es durchaus nachvollziehbar, wenn sich unsere Gefühle gegenüber einem Elternteil unter oben genannten Umständen verändern.

Anders verhält es sich, wenn Kinder in ihrer Kindheit zu wenig Liebe und Zuneigung erfahren haben. Sie werden später größere Probleme haben, eine emotionale Distanz zu den

Eltern zu finden. Schon als Kleinkind versucht der Mensch, den Eltern zu gefallen. Kinder wollen, dass ihre Eltern glücklich sind. Haben sie das Gefühl, dass sie nicht geliebt werden, geben sie sich meist selbst die Schuld. Diese Kinder werden bis in die Jugend hinein versuchen, die Liebe und Anerkennung der Eltern zu gewinnen. Das Kind lebt unter dem ständigen Druck, es den Eltern recht machen zu wollen und sich damit positive Zuwendungen zu „verdienen". Je nach Charakterstärke eines Menschen verliert sich das später im Erwachsenenalter. Hat man erst einmal begriffen, dass diese endlose Jagd nach Elternliebe hoffnungslos ist, kann man beginnen, entsprechend den eigenen Bedürfnissen und Veranlagungen zu handeln.

Es gibt aber auch genügend Beispiele dafür, dass Kinder diese Erkenntnis niemals haben und gerade in einer Pflegesituation (siehe Kapitel 2) bis zur Aufopferung pflegen. Immer mit der Hoffnung, Liebe und Anerkennung zu bekommen.

4. DIE PFLEGE ZUHAUSE – KANN SIE GELINGEN?

Wo sollen unsere Eltern gepflegt werden? Immer wieder wird der Satz bemüht: „So lange wie möglich zuhause." Als ich früher diese Worte hörte oder las, bin ich regelmäßig wütend geworden. Gerne hätte ich zurückgefragt: So lange wie möglich FÜR WEN? Für die Angehörigen oder für die zu Pflegenden? Wer bestimmt denn, wie lange das Zuhause überhaupt möglich ist? Kann ein Demenzkranker zuhause leben, und wenn ja, wie kann das funktionieren? Wer rennt denn drei Mal nachts ans Bett, wenn Hilferufe durch die Wohnung schallen?

Natürlich hatte ich nur meine persönliche Situation vor Augen, die nicht stellvertretend war für alle anderen Pflegefälle. Später erfuhr ich aber, dass es unzählig viele Menschen in einer ähnlichen Situation gab.

Immerhin hatten wir mehr oder weniger den Vorteil, dass meine Mutter in ihrer schlimmsten Demenzphase nicht mehr mobil war und der aufkommende Weglaufdrang nicht dazu führte, dass wir sie nachts auch noch einfangen mussten. Ich weiß von Fällen, bei denen die Erkrankten regelmäßig nachts auf die Straße liefen und der Ehepartner bzw. -partnerin oder die Angehörigen stundenlang suchten. Geht das in so einem Fall überhaupt noch zuhause? Und vor allem: wie lange? Wie findet man dann den Übergang in ein Pflegeheim?

Der Satz „So lange wie möglich zuhause" suggeriert auch, dass eine Seniorenwohnanlage oder Seniorenresidenz (oder wie wir es auch immer nennen wollen) eher die schlechtere Lösung ist. Ich persönlich glaube nicht, dass man das so pauschal behaupten kann, vielmehr muss jeder einzelne Fall immer individuell betrachtet werden. Tatsache ist allerdings, dass es leider immer wieder schlecht geführte Pflegeheime gibt, aber ebenso gibt es schlimme Pflegesituationen zuhause. Es finden sich aber auch gut geführte Heime mit fantastischen Pflegeteams, genauso wie es auch hervorragende Lösungen für eine Pflege zuhause gibt. Also sollte man sich davor hüten, pauschal zu urteilen und den Umzug in ein Heim als Niederlage zu betrachten.

Richtungsweisend müssen die persönliche Lage vor Ort und die Krankheit des Betroffenen sein. Wir alle wissen, woher dieses Motto stammt, weswegen es auch auf der Hand liegt, dass es hierbei weniger um das Wohlergehen der Menschen geht, sondern schlicht nur ums liebe Geld. Die Politik nutzt den ureigenen Wunsch der Menschen, zuhause zu bleiben, für sich, hauptsächlich um Kosten zu sparen.

Ein Heimaufenthalt ist für die Pflegekasse und gegebenenfalls auch für den Staat, der immer öfters für die Heimkosten aufkommen muss, doppelt so teuer wie die Pflege zuhause. Wer frühzeitig nötige bzw. verfügbare ambulante Dienste als Unterstützung in Anspruch nimmt, kann länger zuhause bleiben. Vorausgesetzt allerdings, es gibt die Dienste in der Nähe und die entstehenden Kosten sind tragbar.

In einer EU-weiten Studie, die unter anderem von der Uni Witten/Herdecke durchgeführt wurde, sind 2000 Demenzkranke sowie deren Angehörige nach einem Umzug in ein Heim befragt worden. Ein Teil des Ergebnisses war, dass rund ein Viertel der Demenzkranken noch zuhause hätten bleiben können, wären die ambulanten Hilfen besser ausgebaut.

Angesichts des voranschreitenden Fachkräftemangels in der Pflege halte ich es auch für immens wichtig, dass die ambulanten Dienste ausgebaut werden.

Pflege zuhause spart dem Staat Geld
Für wesentlich wichtiger halte ich dennoch eine faire finanzielle Unterstützung für zuhause! Wir können die Politik

doch erst dann ernst nehmen, wenn sie tatsächlich die Pflege zuhause unterstützt. Ich möchte dazu ein Beispiel nennen, das im Internet in einem der vielen Pflegeforen zu finden ist.

Eine Frau mittleren Alters ohne eigene Familie kümmert sich um die pflegebedürftige Mutter. Anfangs schafft sie ihren Job parallel dazu noch ganz gut. Im Laufe der Jahre aber verliert sie diesen Job, weil sie der Pflege mehr Aufmerksamkeit widmet als ihrer Arbeit. Sie wohnt mit der Mutter in einem Haus und will die Pflege auf keinen Fall aufgeben.

Nachdem sie ihren Job verloren hat, beantragt sie Arbeitslosengeld. Nun kommt der Haken: Sie will sich eigentlich um die Mutter kümmern, die mittlerweile intensiv betreut werden muss, und lieber nicht arbeiten. Somit steht sie für den Arbeitsmarkt nicht zur Verfügung, und die Probleme mit der ARGE beginnen.

Die Empfehlung der Sachbearbeiterin, die nicht so richtig weiß, wie sie mit der Frau umgehen soll, lautet, die Mutter in ein Heim zu geben oder zumindest in eine Tagespflege, um dann selbst wieder arbeiten zu können. Die Tochter aber weigert sich. Sie will sich selbst um ihre Mutter kümmern.

Nun frage ich Sie: Wo liegt da der Sinn? Wenn die Mutter ins Heim kommt, muss sie Sozialkasse vermutlich noch die Differenz beim Eigenanteil bezahlen. Denn ganz sicher kann die Tochter die 1800 bis 2200 Euro Zusatzkosten nicht alleine aufbringen. Obendrein zahlt die Pflegekasse das Pflegegeld bei Stufe III für die Mutter in Höhe von 1510 Euro (Pflegesatz ab 1. Januar 2012)!

Daraus können sich Kosten für Pflegeversicherung und Staat von rund 3500 Euro ergeben! Dem gegenüber steht das häusliche Pflegegeld in Höhe von 700 Euro, welches die Tochter für die Pflege zuhause erhält.

Merken Sie was? Einerseits will die Politik die häusliche Pflege ausweiten und stärken, andererseits werden diese Bemühungen der Angehörigen nicht gebührend entlohnt.

Wie es nicht laufen soll

Pflegebedürftigkeit nimmt im zunehmenden Alter an Häufigkeit zu. Das ist keine neue Nachricht! Es ergibt also Sinn, dass Eltern und Kinder sich vorab mit dieser Möglichkeit auseinandersetzen. Meist scheuen sie sich jedoch, das Thema offen anzusprechen. Der Gedanke, es könne einen selbst einmal treffen, wird erfolgreich verdrängt. Bis zu dem Tag, an dem die Erkenntnis kommt, dass man nun doch gealtert ist, gesundheitliche Einschränkungen hat und auf Hilfe angewiesen ist. Es sei an dieser Stelle erwähnt, dass auch die Kinder oftmals diese Diskussion scheuen. Nicht immer kommen die Gesprächsblockaden von den Eltern. Auch manch jüngerer Mensch will sich nicht mit der Endlichkeit des Daseins auseinandersetzen.

So auch bei Anke und ihrer Familie. Die Schwiegereltern, mit denen ihr Verhältnis nicht besonders eng war, lebten in der Nähe ihres Hauses. Trotzdem sprang sie ein, als der Schwiegervater wegen eines Augenproblems das Autofahren aufgab. Ihr Mann war tagsüber in der Arbeit und somit nicht in der Lage, diese Gefälligkeiten zu übernehmen. So war es anfangs selbstverständlich, dass sie die Fahrten zum Arzt und die wöchentlichen Besorgungen übernahm.

In einem Brief schrieb sie mir, sie fühle sich dafür verantwortlich, die Eltern ihres Mannes bzw. die Großeltern ihrer Tochter zu versorgen. Und das, obwohl deren Versorgung zwischenzeitlich durch die Fülle der Aufgaben zu einer großen Last geworden ist.

Anke ist eine unter vielen pflegenden Angehörigen, die diese Verantwortung empfinden und entsprechend handeln. Und auf den ersten Blick ist auch nichts falsch daran. Aber wie es so oft kommt: Die Fahrten zum Arzt häufen sich ebenso, wie die Hilfsbedürftigkeit der Schwiegereltern zunehmen. Plötzlich werden aus gelegentlichen Gefälligkeiten täglich anfallende Aufgaben mit wachsender Intensität. Anke organisiert nach Rücksprache mit der Familie einen ambulanten Pflegedienst, der aber nicht die gewünschte Entlastung bringt. Sie bleibt Ansprechpartnerin Nummer eins bei den kleinsten alltäglichen Dingen.

„Ständig ruft meine Schwiegermutter an, weil die Pflegerin nicht zurechtkommt. Gestern musste ich wieder hinfahren, da sie es nicht schafften, meinen Schwiegervater umzubetten."

Das andere Mal ruft die Pflegerin selbst an, weil keiner mehr weiß, wo die frischen Handtücher aufbewahrt werden. „Dann kann ich es ja gleich selber machen!", schimpft Anke.

Anke telefoniert fast täglich mit den Pflegern und wird immer mehr in die Rolle der pflegenden Angehörigen gedrängt, die sie so nie wollte. Und wie es auch nie zuvor besprochen oder geplant war. Wenn sie nicht gerade eine Fahrt zum Arzt hat, dann sitzt sie am Schreibtisch, um Anträge zu schreiben.

Ihre beiden Schwestern schütteln den Kopf und fragen sie, warum sie das alles auf sich nehme? Aber was soll Anke machen? Wie kommt sie da jemals wieder heraus?

Die beiden Schwestern von Anke wären gut beraten gewesen, ihre Tipps früher zu geben, bevor Anke in die Rolle gedrängt wurde. Schon viel zeitiger hätten die beiden Familien ein Gespräch nötig gehabt, in dem sie die Aufgabenverteilung hätten klären sollen.

Verantwortung lässt sich nicht abschütteln

Um es gleich zu sagen: Aus der Verantwortung für Familienmitglieder können wir uns nicht stehlen. Schwiegereltern oder Eltern, das spielt dabei keine Rolle. Ich denke, ein gewisses Maß der Verantwortung hat man immer. Genau genommen auch für Freunde, Nachbarn oder Bekannte. Ich kenne viele Fälle, bei denen sich die Nachbarn untereinander helfen, wenn es z. B. um das Einkaufen geht. Da wird eine ältere alleinstehende Dame immer wechselweise zum Einkaufen mitgenommen. Das funktioniert prima und beschert den Nachbarn öfters mal einen Kuchen. Die Frage ist nur, wie hoch kann der eigene Einsatz dabei sein? Wie viel können wir einbringen, damit es für beide Parteien noch eine tragbare Situation bleibt?

Im Fall Ankes ist mir nicht bekannt, ob es vielleicht noch andere Geschwister gab. Wenn ja, müssten die auf alle Fälle mehr in die Pflicht genommen werden. Je nachdem, ob es die finanzielle Situation zulässt, könnten die Schwiegereltern sich weitere Hilfe ins Haus holen.

Betreutes Wohnen zuhause – Modell Bayern

Um nicht mehr die alleinige Verantwortung zu tragen und fachlichen Beistand zu bekommen, wäre im Fall Ankes das Modell „Betreutes Wohnen zuhause" eine gute Möglichkeit.

Viele ambulante Pflegedienste haben es im Angebot. Bisher aber leider nur in Bayern, was ich sehr bedauerlich finde. Bei diesem Projekt, das vom bayerischen Sozialministerium mit einer Anschubfinanzierung auf den Weg gebracht wurde, steht ein Ansprechpartner für die zu Pflegenden zur Verfügung. Dieser Ansprechpartner kommt meist einmal in der Woche vorbei und kümmert sich um die Organisation von nötigen Hilfen oder Arztbesuchen. Es ist der regelmäßige Kontakt, der bei den Senioren gut ankommt. Nicht immer wird Organisatorisches besprochen. Ein nettes Gespräch über alltägliche Dinge kann auch Inhalt eines Besuches sein.

Die Helfer nennen sich auch Alltagsbegleiter und unterstützen bei Behördengängen und Antragsstellungen. Wichtig bei der Auswahl ist, dass Anbieter von „Betreutem Wohnen zuhause" auch entsprechend ambulante Dienste betreiben und schnellen Zugriff beispielsweise auf Haushaltshilfen haben. Fragen Sie nach einem verfügbaren

Adresspool. In manchen Organisationen werden auch gemeinsame Ausflüge oder regelmäßige Treffen mit Abholdienst angeboten.

Meist stehen noch zahlreiche Wahlleistungen zur Verfügung, die man gegen ein zusätzliches Entgelt abrufen kann. Abgesehen von der ambulanten Pflege gehören dazu Begleitung bei Spaziergängen, Friseurbesuche oder ein Einkaufsservice.

Rechnen Sie mit rund 70 bis 100 Euro monatlich für eine Betreuungspauschale. Das garantiert Ihnen aber einen festen Ansprechpartner, der Ihnen mit Rat und Tat zur Seite steht.

Für Anke wäre dieses Angebot eine Entlastung gewesen. Sie müsste nicht alles alleine verantworten, und den Schwiegereltern stünde ein zweiter Ansprechpartner zur Verfügung, an den sie sich wenden könnten.

So aber muss Anke sich alles an Wissen zunächst mal selbst anlesen und erfragen, was ziemlich viel Nerven und Zeit kostet. Profis bei den ambulanten Diensten kennen die Sachlage und haben schnell eine Lösung parat.

Zudem können sie den sich oft verändernden Betreuungs- und Hilfebedarf besser einschätzen und auch notwendige Hilfsmaßnahmen organisieren. In Bayern wurde dazu im Jahr 2010 eine äußerst interessante Kundenbefragung durchgeführt. Im Ergebnis war eine hohe Zufriedenheit der Teilnehmer zu erkennen. Zu finden ist die Auswertung sowie weitere Informationen zu diesem Modell auf der Seite www.wohnen-alter-bayern.de.

Betreutes Wohnen zuhause sollte ausgebaut werden

Ich würde mir wünschen, das Angebot „Betreutes Wohnen zuhause" gäbe es in jedem Bundesland. Denn oft geht es nicht um die Zeit, die aufgebracht werden muss, sondern um die quälende Last der Verantwortung, mit der sich so manch Angehöriger alleingelassen fühlt. Was ist richtig? Was ist falsch? Wie sehr soll man in das Leben des Anderen eingreifen, und wo ist die Grenze? Da die meisten völlig unvorbereitet in eine Pflegesituation rutschen, haben sie keine Erfahrung und noch weniger Vergleiche.

Gibt es einen Ansprechpartner für den pflegenden Angehörigen, kann die Last verteilt werden und der Angehörige kann sich selbst auch Rat holen. Es gibt einen Pflegepartner.

Pflegestützpunkte – eine Alternative

In fast allen Bundesländern gibt es als Alternative zum Betreuten Wohnen zuhause die sogenannten Pflegestützpunkte. 2009/2010 wurde die Einrichtung der Pflegestützpunkte an die einzelnen Länder übergeben. Da nunmehr jedes Bundesland für die Einrichtung von Pflegestützpunkten zuständig ist, fällt deren Anzahl in den einzelnen Bundesländern sehr unterschiedlich aus. Sachsen und Sachsen-Anhalt haben sich gleich zu Beginn gegen die Einrichtung von Pflegestützpunkten ausgesprochen. Die meisten sind in Rheinland-Pfalz und Nordrhein-Westfalen zu finden. Insgesamt gibt es derzeit deutschlandweit ca. 300 Pflegestützpunkte.

Es handelt sich um wohnortnahe Anlaufstellen für pflegebedürftige Menschen und deren Angehörige. Fachleute beraten und helfen bei der Organisation der Pflege, z. B. bei der Vermittlung von Pflegediensten, Haushaltshilfen und Einkaufsservice.

Auf Wunsch kommen sie auch ins Haus und machen sich vor Ort ein Bild über die Situation. Gemeinsam wird dann ein individueller Hilfeplan erstellt. Stets bleibt aber die Entscheidung bei den Betroffenen, welche Angebote sie in Anspruch nehmen wollen. Dieser Service wird meist von Krankenkassen und Kommunen gemeinsam finanziert. Für die Bürger ist der Dienst kostenfrei!

2012 wurden in einem Spezialheft „Eltern versorgen" von Finanztest deutschlandweit 16 Pflegestützpunkte getestet. Dabei ging es unter anderem um die telefonische Erreichbarkeit und um einen zeitnahen Beratungstermin. Die Erreichbarkeit wurde mit sehr gut bewertet, ebenso die zeitnahe Terminvergabe.

Getestet wurde auch die Qualität der fachlichen Beratung, die leider sehr unterschiedlich ausgefallen ist. Laut Finanztest konnten die Pflegeberater zwar über die unterschiedlichen Pflegestufen und Leistungen der Pflegekasse Informationen liefern, hatten jedoch beim Thema Demenz weniger Erfahrung oder konnten keine Hilfestellung bei der Führung zu einem Pflegetagebuch geben. 15 Pflegestützpunkte gaben eine unabhängige Beratung, nur eine Beraterin empfahl den eigenen Pflegedienst.

Eine kompetente Anlaufstelle für pflegende Angehörige von demenzkranken Menschen ist die Deutsche Alzheimer Gesellschaft. Darunter gibt es unzählig viele Regionalstellen, die unter der Webadresse http://www.deutsche-alzheimer.de abgerufen werden können.

Niedrigschwellige Angebote bei Pflegebedürftigen mit Demenz

Wer zuhause pflegt, braucht Freiräume. Besonders wenn es um Menschen mit Demenzerkrankung geht. Aber auch ohne Demenzerkrankung sollte jeder pflegende Angehörige sich Zeit für sich selbst gönnen und, falls nötig, auch einfordern.

Niedrigschwellige Betreuungsangebote nach § 45 c Abs. 3 SGB XI sind Angebote, speziell für Menschen mit Demenz gedacht, um eine vorzeitige Heimaufnahme der Betroffenen eventuell zu vermeiden oder zumindest zu verzögern.

Es entlastet den Angehörigen zumindest stundenweise, damit er mal in Ruhe etwas erledigen kann. Liegt der Stundenlohn bei 15 Euro, können 80 Stunden Betreuung im Jahr im Rahmen der Pflegeleistung genutzt werden.

Je nach Krankheitsgrad der Demenz werden diese Kosten bis zu einem jährlichen Betrag in Höhe von 1200 Euro und in schweren Fällen in Höhe von 2400 Euro von der Pflegekasse übernommen.

Zugegeben, das sind nur knapp sieben (14 in schweren Fällen) Stunden im Monat bzw. nicht einmal zwei (vier in schweren Fällen) Stunden in der Woche. Aber es gibt noch mehr Leistungen, die Sie abrufen können und die ich noch erläutern werde.

Erbracht werden diese Betreuungsleistungen von ehrenamtlichen Helfern. Sie sind organisatorisch in der Regel z. B. dem Deutschen Roten Kreuz, der Arbeiterwohlfahrt, den Maltesern, der Diakonie, den Johannitern, dem Paritätischen, der Caritas, Einrichtungen der Alzheimer-Gesellschaft oder weiteren Einrichtungen der Lebens- oder Nachbarschaftshilfe angegliedert. Die Kosten dafür sind meist nicht sehr hoch, da die ehrenamtlichen Helfer nur eine Aufwandsentschädigung erhalten.

Wer kann Leistungen der niedrigschwelligen Betreuungsangebote in Anspruch nehmen?

- Menschen mit demenzieller Erkrankung,
- psychischer Erkrankung sowie
- geistiger Behinderung.

Voraussetzung ist, dass der Medizinische Dienst der Krankenkassen (MDK) aufgrund der Erkrankung einen erhöhten Bedarf an Beaufsichtigung und Betreuung feststellt. Dies ist bei Vorliegen einer Pflegestufe immer anzunehmen, kann aber auch gegeben sein, wenn die Pflegestufe I noch nicht erreicht wird (sog. „Pflegestufe 0").

Seit Januar 2015 können Pflegebedürftige, die nicht die Voraussetzungen des § 45a erfüllen (also keine Einschränkung in der Alltagskompetenz haben), ebenfalls zusätzliche

Betreuungs- und Entlastungsleistungen in Anspruch nehmen. Die Kosten hierfür werden bis zu einem Betrag in Höhe von 104 Euro monatlich ersetzt.

Hausnotruf für die Sicherheit

Ein weiterer wichtiger Baustein im Modell „Pflege zuhause" und zweifelsohne eine gute Absicherung für alte Menschen in den eigenen vier Wänden stellt der Hausnotruf dar. Das System ist recht simpel und funktioniert in jedem Haushalt.

Der Hausnotruf ist an das Telefonnetz gekoppelt und ausgestattet mit einem Sender, der entweder um das Handgelenk getragen wird oder als Amulett um den Hals und der per Knopfdruck für Hilfe sorgt. Sobald der Knopf aktiviert wird, verbindet das Gerät den Hausnotrufteilnehmer mit der Zentrale. Dort meldet sich ein Mitarbeiter der Organisation, der ein Gespräch aufbaut und sich nach dem Grund des Notrufes erkundigt. In der Notrufzentrale liegt eine Liste mit Telefonnummern, die bei der Installation des Gerätes in einem persönlichen Gespräch ermittelt wurden. Je nach Situation werden sie bei Bedarf telefonisch kontaktiert. Das könnte ein Nachbar sein, der beim Aufstehen hilft, oder Angehörige, die in der Nähe der Wohnung leben. Sind keine Ansprechpartner genannt, entsendet die Zentrale einen Helfer.

Die Mitarbeiter der Zentrale bekommen mit dem Alarm automatisch alle wichtigen Daten angezeigt: den Wohnort, Informationen über vorliegende Krankheiten und Nummern von Ansprechpersonen.

Nicht, wie oft irrtümlich angenommen, wird gleich der Notarzt informiert. Nur wenn es sich um eine gesundheitliche Notlage handelt, wird ein Mitarbeiter der Hausnotrufzentrale den Rettungsdienst alarmieren.

Lebt ein alter Mensch alleine und hat keinen regelmäßigen täglichen Kontakt, empfiehlt es sich, zusätzlich noch einen 24-Stunden-Alarm zu nutzen. Das ist eine Einrichtung am Hausnotrufgerät, die es erforderlich macht, stets zu einer festgelegten Uhrzeit einen Knopf zu drücken. Damit wird der Zentrale signalisiert, es ist alles okay.

Fehlalarm kommt vor und sollte kostenfrei sein!
Sie können sich sicher vorstellen, dass es hin und wieder zu einem falschen Alarm in der Zentrale kommt, weil es nur allzu menschlich ist, dass der Knopfdruck vergessen oder versehentlich ausgelöst wird. Eine routinierte Hausnotrufzentrale kennt das und wird gelassen reagieren. Sie prüft zunächst selbst vor Ort, was der Auslöser für den 24-Stunden-Alarm war. Da sie über einen Haustürschlüssel verfügen sollte, kann sie, ohne Schaden anzurichten, die Wohnung betreten und nach dem Rechten sehen. Ist der Bewohner offensichtlich nicht im Haus, wird meist eine kleine Nachricht mit der Bitte hinterlassen, in Zukunft an den Hausnotrufknopf zu denken.

Manchmal wird allerdings auch ein verunglückter Mensch aufgefunden, und der Hausnotruf sorgt für schnelle medizinische Hilfe.

Wie viele Leben der Hausnotruf schon gerettet hat, lässt sich nicht ermitteln. Das Internet ist voll mit Berichten von Menschen, denen der Hausnotruf einen guten Dienst erwiesen hat. Eine technische Errungenschaft, die Sicherheit in den eigenen vier Wänden gibt und schon einige Leben gerettet hat.

Frühzeitige Planung sorgt für ein Gelingen
Um Überforderung und Ermüdung von pflegenden Angehörigen zu vermeiden, sollten frühzeitig Planungen für eine zielgerechte Unterstützung stattfinden.

Die Pflege zuhause kann auch gelingen, wenn alle Parteien aktiv an einer gemeinsamen Lösung arbeiten.

Wie das gehen kann, möchte ich Ihnen anhand von Irene und ihrer Mutter zeigen. Die beiden wohnen nur zehn Kilometer voneinander entfernt. Irene hat ein sehr gutes Verhältnis zu ihrer Mutter. Als sie selbst schwanger wurde und ihr Vater noch lebte, waren sie oft mit der gesamten Familie einschließlich Großeltern unterwegs. Als die Enkelkinder größer wurden, besuchten sie oft die Großeltern. Die beiden halfen der jungen Familie immer, wenn es mal nötig war. Für sie war damals schon klar: Wenn ihre Eltern mal Hilfe bräuchten, würde sie da sein. Egal, was kommt.

Das denken viele der Kinder, und doch geraten sie dann unerwarteterweise in eine stark belastende Pflegesituation. Die Mutter von Irene jedoch äußerte sich dazu schon lange vor dem Erreichen der Pflegebedürftigkeit. Niemals wollte sie ihrer Tochter zur Last werden. Sie legte das schriftlich fest und bat ihre Tochter darum, für sie einen schönen Heimplatz zu finden, wenn sie stark dement werden würde. Mit 71 Jahren verstarb der Vater plötzlich und unerwartet an einem Herzinfarkt. Zu diesem Zeitpunkt war die Mutter noch gesundheitlich fit.

Tochter und Mutter einigten sich kurz nach dem Tod des Vaters darauf, dass die Mutter zunächst wie gewohnt in der Wohnung bleiben sollte. Doch schon damals informierte sich die Mutter bei einem Pflegestützpunkt vor Ort nach möglichen Angeboten. Es folgte ein längeres Gespräch, bei dem sie zufällig eine ehrenamtliche Helferin kennenlernte, die am Pflegestützpunkt vorbeikam. Sie gerieten ins Gespräch, und die Mutter war so begeistert von dem Engagement des Teams, dass sie selbst ein Teil davon wurde. So kam es, dass sie zunächst als interessierter Kunde kam und anschließend als ehrenamtliche Mitarbeiterin tätig war.

Irene arbeitete mittlerweile wieder Vollzeit, und beiden war bewusst, dass im Falle einer Pflegebedürftigkeit der Mutter Irene nur beratend zur Seite stehen könnte.

Die Geschichte gefiel mir deswegen so gut, weil die Mutter sich aktiv mit ihrem Alter und den Gegebenheiten auseinandersetzte. Ich würde mir wünschen, dass mehr Menschen das tun.

Einige Jahre später wurde, damit sie sich sicherer fühlte, auf Initiative der Mutter der Hausnotruf installiert. Als sie dann an Parkinson erkrankte und immer mehr Probleme mit alltäglichen Dingen bekam, wie beispielsweise dem Anziehen morgens, wurde der ambulante Pflegedienst aus dem Ort bestellt. Der half der Mutter morgens beim Aufstehen und Anziehen. An den Wochenenden kam die Tochter und erledigte Arbeiten im Haushalt oder kümmerte sich um die Briefe. „Keine große Sache für mich", erzählte Irene. „Meine Mutter ist eine liebenswerte Frau, und ich verbringe die Zeit sehr gerne mit ihr."

Trotz voranschreitender Krankheit und der damit verbundenen körperlichen Einschränkungen schaffte es die Mutter, gemeinsam mit ihrer Tochter bis zum Schluss zuhause zu bleiben. Sie war umgeben von ambulanten Hilfsmaßnahmen, hilfsbereiten Nachbarn und der Fürsorge ihrer Tochter.

Tagespflege: Entlastung für pflegende Angehörige

In vielen Fällen kann jedoch der pflegebedürftige Angehörige tagsüber nicht mehr alleine bleiben. Meist betrifft das demenziell erkrankte Menschen. Aus diesem Grund gibt es das Angebot einer sogenannten Tagespflege. Entweder ist sie angegliedert an eine stationäre Pflegeeinrichtung oder es handelt sich um eine eigens eingerichtete Tagespflegestätte. Dort werden Pflegebedürftige morgens gebracht und abends wieder abgeholt.

Diese Form der ambulante Betreuung bzw. Pflege stellt eine echte Alternative zum Umzug in ein Heim dar. Zum größten Teil sind dort Menschen mit Demenz zu finden. Sie gestalten gemeinsam den Tag und finden dort eine Auswahl an Beschäftigungsmöglichkeiten. Ob sich die Mutter oder der Vater dort wohl fühlen, hängt stark von der Zusammensetzung der Besucher ab.

Ich startete den gleichen Versuch mit meiner Mutter. Wir alle wären extrem erleichtert gewesen, wenn sie zumindest zwei- oder dreimal in einer Tagespflege geblieben wäre. Den Tag dort empfand meine Mutter leider als eine Katastrophe. Es wurden gemeinsam Lieder gesungen, was für sie schrecklich war. Überall ist zu lesen, dass für Demenzkranke Singen und Musizieren sehr wichtig ist. Insbesondere wenn die Ausdrucksmöglichkeit durch die Sprache begrenzt ist. Das soll Emotionen und schöne Erinnerungen wecken.

Meine Mutter sang aber noch nie gerne. Wieso sollte sie es jetzt machen? Viele der Besucher dort waren sehr stark dement, wohingegen meine Mutter noch so einiges mitbekam. Für sie war es erschreckend, zwischen all den Menschen zu sitzen, die kaum noch etwas wahrnahmen. Als sie abends nach Hause kam, war sie völlig aufgelöst und wollte nie wieder irgendwohin.

Was ist schiefgelaufen?

Zunächst habe ich viel zu lange gewartet mit der Suche nach einer Tagespflege. Bereits zu Beginn der Krankheit meiner Mutter hätte ich mich mit solch entlastenden Angeboten mehr auseinandersetzen müssen. Wer das frühzeitig tut, kann sich verschiedene Einrichtungen in der Umgebung ansehen und sich Zeit dafür nehmen. Bei uns war das eher eine Verzweiflungstat, weil alle in der Familie, einschließlich der Pflegerinnen, zu diesem Zeitpunkt schon extrem gestresst waren. Da blieb dann nicht mehr viel Zeit für eingehende

Information und gute Vorbereitung. Der nächstbeste Platz wurde okkupiert. Ein Fehler mit fatalen Folgen.

Machen Sie es besser!
Besuchen Sie Einrichtungen für Tagespflege in Ihrer Umgebung. Falls möglich, sprechen Sie ausführlich mit der betreffenden Person darüber. Vielleicht können Sie ihn oder sie mit einbeziehen? Achten Sie darauf, dass die Tagesstätte auf die verschiedenen Bedürfnisse ihrer Besucher eingeht. Wer nicht singen will, sollte die Wahl haben, an einem anderen Angebot teilzunehmen. Vielleicht kann er oder sie inzwischen in der Küche helfen oder im Garten etwas ansähen? Gute Tagesstätten gehen auf die Bedürfnisse und Fertigkeiten der alten Menschen ein. Es sollte auch einen Ort der Ruhe geben, wenn jemand einfach mal nichts machen will. Aber Achtung: Auch dort soll die Aufsicht gewährleistet sein.

Wichtig finde ich auch, dass es kleine Gruppen gibt und nicht einen Stuhlkreis mit 20 Menschen. Wenn es zu unübersichtlich wird, fühlt sich ein Demenzkranker unsicher. Feste Tischnachbarn sorgen außerdem für Vertrautheit.

Viele Einrichtungen holen ihre Besucher von zuhause ab. Fragen Sie danach. Das stellt langfristig eine große Entlastung dar. Freilich stellt die Anzahl der Betreuer/innen ein hohes Qualitätsmerkmal dar. Schauen Sie genau hin, wie viele Mitarbeiter in der Einrichtung sich um die Menschen dort kümmern. Ist genug Personal vorhanden? Welche Atmosphäre herrscht dort? Notfalls fragen Sie andere pflegende Angehörige, die dort ihre Familienmitglieder unterbringen.

Kosten einer Tagespflege
Richtig ist, dass die Tagespflege auch Geld kostet. Je nach Einrichtung und Region kann der Preis pro Tag bis zu 70 Euro betragen. Ihre Pflegekasse übernimmt die Kosten nur

bis zu einer gewissen Höhe, abhängig von der jeweiligen Pflegestufe.

> Monatlich stehen für Tages- oder Nachtpflege in
> Stufe 0 (neu) = 231 Euro,
> Stufe I = 468 Euro,
> Stufe II = 1144 Euro,
> Stufe III = 1612 Euro zur Verfügung.
> *(Stand Januar 2015)*

Alle darüber hinausgehenden Kosten müssen Demenzkranke aus ihrem eigenen Einkommen bestreiten. Genügt nachweislich auch dies nicht, übernimmt auf Antrag das Sozialamt die Restkosten.

Einen gewissen Eigenanteil zahlen Demenzkranke jedoch immer. So kommt der Staat beispielsweise nicht für Essen und Getränke auf, die die Tagespflegeeinrichtung anbietet.

Pflegender und Gepflegter profitieren

Die Tagespflege stellt nicht nur eine Entlastung für den pflegenden Angehörigen dar, sondern auch eine Abwechslung für den zu Pflegenden. Nicht selten droht im Alter bei sinkender Mobilität die Vereinsamung. So kann die Tagespflege, insofern sie auch die passende Einrichtung ist, eine echte Bereicherung für einen Menschen sein.

Empfehlenswert wäre es auch, eine Einrichtung zu finden, die nicht nur Tagespflegeplätze unterhält, sondern an ein Pflegeheim angegliedert ist. So können schon erste Kontakte geknüpft werden und ein eventuell späterer Umzug in ein Heim wäre dann einfacher.

Kürzlich hielt ich einen Brief von einer älteren Dame in Händen, die ihr Enkelkind einmal die Woche zum Musikunterricht brachte. Sie verbrachte die Stunde Wartezeit immer in einem benachbarten Seniorenheim, welches im Erdgeschoss ein sehr ansprechendes Kaffee unterhielt.

Sie schrieb an die Einrichtungsleiterin:

„Ich wollte Ihnen einfach mal sagen, dass mir alle Angst vor dem Heim genommen wurde, seit ich hier jede Woche meinen Kaffee trinke. Der freundliche Umgang mit mir als Gast und die liebevolle Betreuung der Bewohner, die ich in all den Stunden beobachten konnte, haben mir das Grauen vor dem Älterwerden genommen. Dafür möchte ich Ihnen und Ihrem Team danken! Jetzt weiß ich schon, wo ich hingehen kann, falls ich mal auf Hilfe angewiesen bin."

Haushaltshilfen aus Osteuropa

Diese Form der Pflege zuhause kann eine echte Alternative zu einem Umzug ins Heim sein. Es bedeutet, dass eine Betreuung rund um die Uhr gesichert ist.

Über viele Jahre hinweg wurden meine Eltern von polnischen Pflegekräften versorgt. Wir hatten das Glück, dass die Agenturleiterin selbst eine ausgebildete Krankenschwester und die meiste Zeit vor Ort war. So konnte sie auch pflegerisch tätig sein und nicht nur als Haushaltshilfe agieren, wie sonst die Mehrzahl der Helfer aus Osteuropa.

Ständiger Wechsel der Pfleger/innen

Alle sechs bis acht Wochen gab es jedoch einen Wechsel der Pflegehelferinnen. Manche kehrten nach zwei Monaten zurück, andere wiederum sahen wir nie wieder. Für meine Eltern war der ständige Wechsel nicht einfach. Die Kommunikation war mal mehr, mal weniger gut. Die eine hatte Heimweh und die andere war wenig belastbar. Dennoch brachten sie viel Wärme und Herz in den schwierigen Alltag meiner Eltern. Nur durch sie war es möglich, den Umzug in ein Heim zu verhindern.

Voraussetzungen

Wer eine/n Pfleger/in oder Haushaltshilfe aus Osteuropa einsetzen will, muss genug Platz im Haus oder in der Wohnung haben. Sie hat Anspruch auf ein eigenes Zimmer sowie auf Verpflegung vor Ort.

Die monatlichen Kosten liegen zwischen 1600 und 2200 Euro – je nach Qualifikation der Pfleger/innen oder Haushaltshilfen. Meistens sind es tatsächlich nur Haushaltshilfen, die keine pflegerische Ausbildung haben. Sie helfen bei der täglichen Hygiene, bei der Hautpflege, beim Kämmen und Essen und machen den Haushalt. Da sie aber oft keine ausgebildeten Pflegerinnen sind, wissen sie nicht, was beispielsweise bei bettlägerigen Menschen zu tun ist, um ein Wundliegen zu vermeiden. Das bedeutet: In schwereren Pflegefällen muss zusätzlich der ambulante Pflegedienst eingesetzt werden.

> Seit dem 1. Mai 2011 ist der Arbeitsmarkt für Pflegehilfen aus Osteuropa geöffnet worden. Sie können legal in Deutschland arbeiten und brauchen keine Arbeitserlaubnis. Das betrifft Länder wie Estland, Lettland, Litauen, Polen, Slowenien, Ungarn, die Slowakische und die Tschechische Republik.

Meine persönliche Einschätzung

Es ist nicht jedermanns Sache, wenn plötzlich in den eigenen vier Wänden ein fremder Mensch wohnt. Für den zu Pflegenden bedeutet es, dass er täglich ein und derselben Person ausgeliefert ist. Sie wissen nicht, um wen es sich dabei handelt und ob die Chemie zwischen Pflegekraft und dem zu Pflegenden stimmt. Mein Vater hat sich öfters beklagt, dass er in seiner eigenen Wohnung dominiert wird. Er habe hier nichts mehr zu sagen. Auch wenn sein Gemecker anstrengend und oft nicht gerechtfertigt war, konnte ich ihn dennoch ein wenig verstehen. Vermutlich wäre es ihm im Heim auch so ergangen, aber da hätte er einen Rückzugsraum gehabt. Zuhause lebt man sehr eng mit der Pflegekraft zusammen. Was der eine vielleicht genießt, ist für den anderen eher schwierig.

Nicht nur bei meinen Eltern, sondern auch bei anderen Familien konnte ich beobachten, wie schwierig sich der ständige Wechsel gestaltete. Kaum hatten die alten Menschen eine Beziehung zu der Pflegekraft aufgebaut, war sie auch schon wieder weg. Als die Lieblingspflegerin meines Vaters einmal länger in ihrem Heimatland verweilte, baute mein Vater gesundheitlich radikal ab. Mit der Pflegerin, von der sie vertreten wurde, konnte er sich nicht richtig anfreunden. Es ging ihm so schlecht, dass wir uns große Sorgen um ihn machten. Als die Lieblingspflegerin nach vier Wochen wieder zurückkam, war er in kürzester Zeit wieder auf dem Wege der Besserung.

Was ich damit sagen will: Der Erfolg ist extrem davon abhängig, wie gut Pflegehelfer/in und Gepflegter miteinander zurechtkommen.

Modell „osteuropäische Haushaltshilfe" passt nicht immer!

Es ist noch nicht lange her, da wurde ich von einem Bekannten gefragt, ob für seinen demenzerkrankten Vater eine osteuropäische Pflegehilfe eine Alternative wäre. Er wollte dem Vater einen Umzug ins Heim ersparen. Ich habe ihm aus folgenden Gründen abgeraten: Sein Vater war kein einfacher Mensch. Er hatte eine genaue Vorstellung von seinem Tagesablauf, und für ihn gab es auch nur ein sehr starres Weltbild. Das Risiko, dass die osteuropäische Pflegehelferin in dieses Bild nicht hineinpasste, war viel zu groß.

Die zweite Hürde war die Entfernung zwischen Vater und Sohn. Dieser wohnte nämlich 250 Kilometer entfernt und konnte nicht zur Stelle sein, falls nötig. Eine stetige Kontrolle der Pflegesituation halte ich besonders bei demenzkranken Menschen für unabdinglich. Schon allein deshalb, weil der betroffene Mensch die Situation selbst nicht mehr gut einschätzen kann. Sie können auch nicht sicher sein, ob das, was Sie erzählt bekommen, wirklich stimmt oder nicht.

Nach all den Jahren mit meiner demenzkranken Mutter wusste ich, dass es sehr schwer sein würde, die Aussagen von ihr und später auch von meinem Vater richtig einzuschätzen. Die Wahrnehmung eines Demenzkranken ändert sich, und wer kann mir garantieren, dass er gut behandelt wird?

Sicher haben Sie recht, wenn Sie jetzt denken, dass auch im Heim eine schlechte Pflegesituation eintreten kann. Dennoch ist man dort nicht nur einer Person hilflos ausgeliefert. Es gibt mehrere Pflegekräfte mit unterschiedlichen Kontrollsystemen, die vermeiden sollen, dass Fehler lange unentdeckt bleiben. Meist kann man sich dann in den Zeitungen davon überzeugen. Bei einer häuslichen Situation bleibt es oft unentdeckt!

Da der Sohn nicht jedes Wochenende vorbeischauen konnte und der Vater von der Demenz schon stark beeinträchtigt war, hätte ich die Verantwortung nicht an eine mir völlig unbekannte Person abgegeben. Zumal es höchst unwahrscheinlich ist, dass die osteuropäischen Pflegekräfte über eine Ausbildung für demenzkranke Menschen verfügen. Deswegen riet ich dem Sohn, einen guten Platz in einem spezialisierten Heim zu suchen, das in der Nähe seines Wohnortes liegt.

Ein Mensch, der an Demenz erkrankt ist, kann meines Erachtens nur bis zu einem gewissen Grad der Erkrankung zuhause gepflegt werden. Irgendwann wird die fortschreitende Krankheit dazu führen, dass der Angehörige die Pflege zuhause nicht mehr schaffen kann. Der ständige Drang wegzulaufen, die rastlose Unruhe sowie eine starke Persönlichkeitsveränderung lassen den pflegenden Angehörigen oder auch eine Pflegehilfskraft nicht zur Ruhe kommen.

Dazu kommt auch noch, dass ich der festen Überzeugung bin, dass der richtige Umgang mit einem demenzerkrankten Menschen für dessen höhere Lebensqualität sorgt. Ich will damit keineswegs sagen, dass jeder demenzerkrankte Mensch in ein Heim muss. Das liegt an dem jeweiligen Verlauf der Krankheit und der persönlichen Situation des Erkrankten bzw. seinem Umfeld. Dennoch sollte immer abgewogen werden: Was ist sinnvoll für alle Beteiligten, und wann ist ein Umzug in ein Heim die bessere Alternative?

Ganz sicher sollten Sie aber Ihre demenzkranke Mutter oder Ihren demenzkranken Vater, wenn er oder sie alleine lebt, nicht mit einer fremden Pflegekraft aus Osteuropa alleine lassen. Das kann nur funktionieren, wenn Sie im Haus leben oder sich in unmittelbarer Nähe befinden.

Gute Gründe für eine osteuropäische Hilfe

Ich habe einige Haushaltshilfen und Pflegehelferinnen kennengelernt. Sie waren alle nett und bemüht. Diese Lösung kann also durchaus funktionieren, wie folgendes Beispiel zeigt:

Ein Ehepaar, bei dem der Mann einen Schlaganfall hatte, die Frau aber lange noch recht fit ist, wird von seinem Sohn überredet, einer Pflegehilfe zuzustimmen. Die Ehefrau ist selbst nicht mehr so kräftig, und die Pflege von ihrem Mann wird immer mühsamer für sie. Er ist ein sehr umgänglicher Mensch, der aber durch seinen Schlaganfall Hilfe beim Gehen, beim Essen und beim Anziehen braucht. Auch die Hausarbeit wird für die Ehefrau immer anstrengender.

Obwohl beide Eheleute große Bedenken hatten, mit einer fremden Person im Haus zu leben, läuft das Projekt von Anfang an gut. Es dauert nicht lange, dann haben die drei sich aneinander gewöhnt. Die Hilfe kommt aus Polen und ist eine zupackende und warmherzige Frau. Beide Eheleute bauen nach ein paar Wochen ein freundschaftliches Verhältnis zu ihr auf. Nach acht Wochen kommt der Wechsel, sie verspricht aber wiederzukommen. Auch die Vertretung fügt sich gut ein, und die gesamte Pflegesituation entwickelt sich extrem gut. Alle sind zufrieden, besonders der Sohn, der weiter weg wohnt und sich große Sorgen um seine Mutter gemacht hat. Diese ist jetzt entlastet und hat auch gelernt, loszulassen und für sich selbst etwas zu tun. Das war zwar am Anfang nicht so einfach für sie, da sie ihren Mann schon viele Jahre pflegte. Aber im Laufe der Zeit fasste sie Vertrauen zu den Helferinnen.

In diesem Fall war der Einsatz der Pflegehelferin eine hervorragende Lösung. Die Besonderheit der Situation liegt darin, dass die Ehefrau nach wie vor noch die Verantwortung und vor allem den Überblick über die Pflegesituation hat. Außerdem ist der Ehemann ein angenehmer Mensch, der stets darum bemüht ist, mitzuhelfen, und der auch nicht an einer Demenz leidet.

Wägen Sie ab, ob diese Form der Pflege die geeignete ist. Aber bedenken Sie stets, dass ein Demenzkranker eine besondere Form der Pflege und Betreuung benötigt.

5. WENN NICHTS MEHR GEHT

„Ich weiß nicht mehr, was ich machen soll. Ich kann eigentlich die Wohnung meiner Mutter nicht mehr betreten."

„Keiner weiß, was ich fühle, was ich denke. Gut so, weil ich denke das, was Sie schreiben: Wann endlich gehst du?"

„Zwei Jahre will ich noch durchhalten, dann kommen beide ins Heim, und ich habe wieder ein Leben. Es ist viel leichter, wenn ein Ende abzusehen ist."

Das sind nur einige wenige Auszüge von Briefen bzw. E-Mails, die mir vorliegen. Geschrieben von Menschen, die sehr verzweifelt sind.

Zu groß ist der Druck von außen. So manch einer baut sich selbst diesen Druck auf, weil es immer noch einer Kapitulation gleicht, wenn die häusliche Pflege durch die Angehörigen aufgegeben wird.

Der Satz „Meine Mama kommt nie in ein Heim" ist oft zu hören. Wer das so kommuniziert, hat sich selbst bereits in eine Einbahnstraße manövriert.

Ich bin auch nicht ganz sicher, ob das für Mutter oder Vater immer zwingend die beste Lösung ist. An dieser Stelle würde ich gerne fragen, mit welchem Ansatz diese Aussage getroffen wurde? Würde die Mutter an einer physischen Krankheit leiden, käme sie dann auch nie in ein Krankenhaus? Oder ist das etwas Anderes?

Denken Sie doch einmal in diese Richtung. Demenz ist eine Krankheit, deren Verlauf sehr schwer werden kann, und der Umgang damit muss gelernt sein.

An dieser Stelle will ich nicht so sehr darauf eingehen, wann ein Heimaufenthalt angemessen ist oder wann es besser ist, zu Hause zu sein. Das kann pauschal sowieso nicht beantwortet werden und ist sehr von dem Krankheitsbild der betroffenen Person abhängig sowie von der Verfassung und den Rahmenbedingungen des pflegenden Angehörigen. Dennoch sollte ein solch schwerwiegendes Versprechen niemals leichtfertig gegeben werden. Es baut für den betroffenen Angehörigen großen Druck auf und ist Auslöser für stressbedingte Erkrankungen. Ganz vorne mit dabei ist der Burn-out, der in schweren Fällen auch zum Suizid führen kann.

Auf gegenseitige Versprechungen in dieser Richtung sollte man verzichten. Es gibt Lebenssituationen, die man sich im Vorfeld nur schwer vorstellen kann. Ein gut gemeintes Versprechen kann später zu einer unüberwindbaren Hürde werden.

Schnell befindet sich ein pflegender Angehöriger in einer beklemmenden Lebenslage. Viele beschreiben es als ein Gefühl, als würde ständig jemand an einem herumreißen. Sie fühlen ein immenses Gewicht auf sich lasten und haben Angst, ihr ganzes Leben zu versäumen. Immer öfter stellen sie sich die Fragen: Wozu das alles? Wo bleibe ich dabei? Die Lust am Leben geht verloren.

Was bedeutet ein Burn-out?
Das sogenannte Burn-out ist ein Zustand emotionaler Erschöpfung und reduzierter Leistungsfähigkeit. Ausgebranntsein wird auch als Erschöpfungsdepression bezeichnet.

Das Burn-out-Syndrom ist das letzte Stadium eines meist viele Jahre andauernden Prozesses. Charakteristisch dafür sind Erschöpfung, Kraftlosigkeit, depressive Verstimmungen, Unruhe, Anspannung, verstärkte Reizbarkeit bis hin zum Zynismus, Unzufriedenheit mit der eigenen Leistung sowie eine gesunkene Motivation. Häufig treten begleitend psychosomatische Beschwerden wie Schlafstörungen, Schmerzen sowie Magen- und Darmbeschwerden auf. Oft greifen Betroffene zur „Selbstmedikation" in Form von Alkohol oder Medikamenten im Sinne einer Selbstbehandlung. Es fällt ihnen schwer, Hilfe von außen zu beanspruchen.

Wer neigt zum Burn-out bzw. zur Erschöpfungsdepression?

Sehr oft wurde mir die Frage gestellt, ob sich auch bei mir eine Erschöpfungsdepression eingestellt habe. Obwohl ich tatsächlich physische Stresssymptome wie Herzrasen oder Schlaflosigkeit entwickelt habe, bin ich nicht depressiv geworden. Einen großen Anteil daran hatte meine Verbundenheit zu meinen Tieren und zur Natur. Bei meinen langen Spaziergängen oder Ausritten mit Hund und Pferd habe ich sehr viel Lebensenergie und Kraft geschöpft. Obwohl die Zeit mit meinen Tieren während der Pflege begrenzter denn je war, habe ich immer darauf geachtet, dass sie trotzdem regelmäßig stattfand.

Aber auch mein Mann als Gesprächspartner, mit dem ich stets alle Sorgen besprechen konnte, nahm eine wichtige

Rolle ein. Der tägliche Austausch über das Erlebte, den Frust und die Niederlagen waren für mich extrem wichtig.

Frauen erkranken vermehrt an einer Depression

Viele Frauen versuchen Job, Familie, Haushalt unter einen Hut zu bekommen. Wenn dann noch die Pflege hinzukommt, ist es nicht verwunderlich, dass vermehrt die Frauen an einer Erschöpfungsdepression erkranken. Nicht zu vergessen, dass sie sich oftmals, während sich die Pflegezeit der Eltern einstellt, selbst in einer Umbruchphase befinden, nämlich in den Wechseljahren. Die damit verbundenen Schwierigkeiten im Leben einer Frau sind weitgehend bekannt.

Wer neigt besonders zu einem Burn-out?

Der Druck, der auf Frauen besonders während des Beginns der Pflegephase ihrer Eltern lastet, ist enorm und wird völlig unterschätzt. Wer dazu neigt, allem gerecht zu werden und an sich sowie an andere hohe Maßstäbe setzt, steht ganz vorne auf der Liste der Gefährdeten. Ein überdurchschnittliches Maß an Ehrgeiz sowie der Hang zum Perfektionismus sind Eigenschaften, die einen Burn-out begünstigen.

Vereinsamung durch Pflege

Erschwerend kommt die Isolation hinzu, die den pflegenden Angehörigen oftmals trifft. Internetforen sind voll mit Hilferufen wie diesen:

Ich, 53 Jahre, möchte mir heute hier mal mein Problem von der Seele schreiben. Vielleicht hilft es mir und auch dem einen oder anderen Leser, neue Sichtweisen zu erlangen. (…)

Jetzt betreue ich also meine 91-jährige Mutter und kann sie wegen der Demenz mit starker Weglauftendenz nicht alleine lassen. Pflegerisch und betreuungstechnisch kein Problem für mich. Aber die Isolation und Einsamkeit machen mich fertig. Außer meinen Kindern gibt es keinerlei Ver-

wandtschaft oder Freunde mehr. Meine Kinder haben einen sehr guten Kontakt zu mir, müssen und sollen aber ihr Leben leben ...

Zum Schluss schreibt sie:

Ich habe kein eigenes Leben mehr – einen Mann an meiner Seite, der mich nicht unterstützt und stärkt – und fühle mich einsam und verlassen. Immer wieder Depri-Phasen ...

Neuen Freundeskreis kann ich nicht aufbauen, da ich keinen Freiraum dazu habe. Ich weiß nicht, wie ich das auf lange Sicht weiter alleine schaffe ...

Es ist nicht ungewöhnlich, dass pflegende Angehörige über eine zunehmende Vereinsamung klagen. Während der Dauer der Pflege steht ihnen immer weniger freie Zeit zur Verfügung. Spätestens, wenn der Pflegebedürftige überhaupt nicht mehr allein gelassen werden kann, fühlen sie sich vielfach vollends ans Haus gebunden. Die Folge davon ist nicht nur, dass alte Freundschaften verloren gehen, sondern auch die fehlende Möglichkeit der Kontaktaufnahme zu anderen Menschen.

Es gibt auch Fälle, bei denen sich Freunde nicht mehr melden, weil sie sich mit einer Pflegesituation nicht auseinandersetzen wollen oder können. Die Auswegslosigkeit, in der sich einige pflegende Angehörige befinden, belastet die Freundschaft unter Umständen in einem Ausmaß, das anderen kaum mehr erträglich ist. Ihnen fehlen die tröstenden Worte, sie wissen nicht, wie sie mit dem Leid der Betroffenen umzugehen haben, und wenden sich ab.

Die Sicht von außen

Für Außenstehende ist die Situation oft schwer nachzuvollziehen. Sehr lange sind die Betroffenen bemüht, die Fassade nach außen aufrechtzuerhalten. Hinzu kommt, dass kaum einer, der nicht selbst mitten in einer Pflegesituation steckt, sich vorstellen kann, wie zermürbend und energiefressend es sein kann. Außenstehende haben keine Ahnung von den Szenen, die sich in der engsten Familie abspielen.

Viele Menschen geben sich nach außen gut gelaunt und lachen viel, obwohl sie schon mitten in einer Depression stecken. Aber kaum sind sie alleine, geraten sie in eine tiefe Krise und hadern mit ihrem Leben. Umso schwerer ist es für Freunde oder Familienangehörige, die Problematik zu erkennen und auch entsprechende Hilfe einzuleiten.

Pflegefalle – und der Burn-out

Nach drei Jahren intensiver Pflege ihres Vaters steckte Petra mitten in einer Depression. Bereits früh morgens, wenn der Wecker klingelte, fiel es ihr schwer aufzustehen. Ihr graute vor dem kommenden Tag. Sie fühlte sich müde und ausgelaugt. Es schien ihr, als wären alle Kräfte aus ihr gewichen. Die Nacht hatte sie schlecht geschlafen. Immer wieder war sie aufgewacht, hatte Albträume und schwitzte stark. Nur gut, dass ihr Mann Bernd nichts davon mitbekam. Sie wollte nicht, dass er merkte, wie sehr sie unter der Belastung litt. Er war sowieso schon ziemlich darüber genervt, dass sie täglich zu ihrem Vater fuhr, weil er der Meinung war, dass sie ihn viel zu oft besuchte. Zwar kam mittlerweile schon drei Mal am Tag der Pflegedienst, aber das reichte dennoch nicht aus. Petra brachte das Mittagessen, wusch die Wäsche, kümmerte sich um den Haushalt und ging fast täglich mit ihrem Vater spazieren. Sie mochte ihren Vater und sah es als eine Selbstverständlichkeit an, dass sie sich nun um ihn kümmerte.

Doch die Anerkennung für ihre Bemühungen blieb aus. Zwar freute sich der Vater über die Besuche mal mehr und mal weniger, aber er nahm die Fürsorge seiner Tochter als Selbstverständlichkeit an.

Seit Jahren hatte sie keinen gemeinsamen Urlaub mehr mit ihrem Mann verbracht. Das Geld reichte viele Jahre hinten und vorne nicht. Sie war froh, nach der Erziehungszeit eine Anstellung als Verkäuferin für 30 Stunden in der Woche bekommen zu haben. Die Kinder verdienten endlich ihr eigenes Geld und brauchten mittlerweile keine Unterstützung mehr von den Eltern. Die Rente des Vaters reichte für den ambulanten Pflegedienst und für sein eigenes Auskommen. Von dieser Seite hatte sie auch nichts zu erwarten.

Die Kinder kamen einmal im Monat zu Besuch und halfen ihr bei der Betreuung des Vaters. Öfters konnten sie es nicht einrichten. Petra erwartete das auch nicht von ihnen. Sie sollten ihr junges Leben ohne Verpflichtung der Pflege führen.

Von außen betrachtet lief alles nach Plan. Der Vater war zufrieden, weil er zu Hause bleiben konnte, obwohl die Frau vor ein paar Jahren verstorben war und er alleine lebte. Der tägliche Besuch seiner Tochter war zum zentralen Mittelpunkt in seinem Leben geworden. „Was würde ich nur ohne dich tun?", sagte er oft, wenn Petra ihn besuchte. Doch obwohl die Aussage ihr anfangs noch schmeichelte, wurde sie nach jahrelanger Pflegezeit zur Fessel. „Ja genau, was würde er ohne mich nur tun?", fragte sie sich zwischenzeitlich selbst. Dabei würde sie so gerne morgens mal aufwachen, ohne an diesem Tag eine Verpflichtung zu haben. Allein dieser Gedanke, der ihr immer öfters in den Sinn kam, bereitete ihr schon ein schlechtes Gewissen.

Der Weg in die Depression

Doch genau das wäre jetzt die Rettung für Petra und auch für den Vater. Es ist absehbar, dass Petra in der nächsten Zeit die Belastung der Pflege nicht mehr schultern kann. Sie marschiert zielgerecht auf eine Erschöpfungsdepression zu.

Jetzt wäre es an der Zeit für Petra, die Karten auf den Tisch zu legen und Freiräume für sich selbst zu schaffen. Sie sollte dringend mit ihrem Vater sprechen, solange sie noch die Kraft dazu hat. Ein klärendes Gespräch mit ihrem Ehemann oder anderen Verwandten oder Freunden sollte ihr die nötige Rückendeckung geben. Am besten wäre es, sie zieht entweder ihren eigenen Hausarzt oder den ihres Vaters hinzu. Ein gut organisierter Hausarzt kann ihr wichtige Anlaufstellen in der Umgebung nennen.

> *Woran erkennt man einen Burn-out?*
> Wenn Sie sich in einer ähnlichen Situation befinden, sollten Sie sich unbedingt Hilfe holen. Zunächst überprüfen Sie selbst, ob Sie kurz vor einem Burn-out stehen:
> - Sind Sie chronisch müde und ohne Antrieb?
> - Werden die Tage immer häufiger, an denen Sie depressiv verstimmt sind?
> - Finden Sie, dass Ihre Bemühungen nicht genug beachtet werden? Haben Sie das Gefühl, unfair behandelt zu werden?
> - Zieht das Leben an Ihnen vorüber, und Sie haben keinen Anteil mehr daran?
> - Leiden Sie an körperlichen Erkrankungen wie Herzrasen, Herzrhythmusstörungen oder Magen-Darm-Problemen?
> - Bedeuten Ihnen plötzlich Dinge nichts mehr, die früher immer wichtig und schön für Sie waren?
>
> Wenn Sie hinter den meisten Fragen ein JA setzen können, sollten Sie sich ernsthaft darüber Gedanken machen, zu einem Facharzt zu gehen. Er kann zwar nicht Ihr Leben ändern, aber er kann Ihnen helfen, einen Weg dafür zu ebnen.

Wie kann man einen Burn-out verhindern?

Wenn Sie merken, dass oben genannte Merkmale auf Sie zutreffen, sollten Sie sich der Situation stellen. Gestehen Sie sich zunächst selbst ein, dass Sie überlastet sind.

Ein klärendes Gespräch

Sie haben ein Recht auf ein glückliches Leben. Es reicht nicht, dass Sie anderen zur Zufriedenheit verhelfen. Wenn Sie sich selbst eine Pause zugestehen, dann sind Sie auch in der Lage, das Gespräch zu suchen. Bei Petra wäre der erste Ansprechpartner ihr Mann und im Anschluss der Vater gewesen. Beiden muss klar gemacht werden, wie sehr sie unter der Situation leidet. Sollte das Gespräch nicht möglich sein, könnte Petra den Pflegedienst um Hilfe bitten.

In den Kapiteln 3 und 4 können Sie lesen, welche Entlastungen es für die Pflege zuhause gibt. Seit Januar 2015 gibt es zudem Betreuungsgeld für niedrigschwellige Angebote, die auch Menschen ohne Demenz in Anspruch nehmen können. Damit könnte Petra sich den einen oder anderen Tag im Monat frei nehmen.

Wichtig ist, dass diese Maßnahmen frühzeitig genug getroffen werden. Wartet der pflegende Angehörige so lange, bis er mit seinen Kräften völlig am Ende ist, helfen die kleineren Entlastungen nicht mehr. Dann bleibt nur noch der Weg in eine längere Kur zur Therapie. Eine unbehandelte Depression kann zu Suizid oder in die Sucht führen!

Suche nach der Sinnhaftigkeit

Jeder Mensch ist auf der Suche nach dem Sinn für sein Tun und Wirken. Wer mit seinem Engagement ganz offensichtlich etwas bewirken kann, wird trotz hohem, kraft- und zeitraubendem Aufwand die Aufgabe besser schultern. Der Antrieb eines jeden Helfers ist es, einem anderen Menschen etwas Gutes zu tun, um dann zu sehen, wie die erbrachte Hilfe auch ankommt.

Schon in den DEGAM-Leitlinien (Handlungsempfehlungen der Deutschen Gesellschaft für Allgemeinmedizin und Familienmedizin für Ärzte und deren Praxisteams sowie für Patienten) aus dem Jahre 2005 wurde das Burn-out-Syndrom in verschiedenen Ausprägungen beschrieben. Sieben Prozent der pflegenden Angehörigen beschreiben es als sehr hoch, 24 Prozent als hoch, 39 Prozent als mittel und 30 Prozent empfinden gar keine Erschöpfung.

Hier bestätigt sich bereits, was ich selbst erfahren habe. Nur wer für sich auch einen emotionalen Gewinn in der Pflege sieht, betrachtet die Aufgabe weniger belastend, sondern vielmehr als sinnvoll. Es ist die tiefe Befriedigung, einem geliebten Menschen auch in schwieriger Zeit beizustehen.

Doch was passiert, wenn alle Bemühungen des Helfers verpuffen? Wenn es keine Belohnung in Form von netten Worten, Dankbarkeit oder Wertschätzung gibt? Wer das täglich erlebt, weiß, wie schwer es ist, sich weiter zu motivieren. Die Hilfsbereitschaft, einst aus einem tiefen Gefühl der Verbundenheit entstanden, muss wie eine Pflanze gepflegt werden. Ohne Zuwendung wird sie verwelken und vergehen.

In unterschiedlichen Untersuchungen aus den letzten Jahren, wurde immer wieder festgestellt, dass über die Hälfte der pflegenden Angehörigen die mangelnde Wertschätzung beklagen.

Aus Frust kann auch Gewalt entstehen

In der Öffentlichkeit wenig zur Sprache kommt die Gewalt in der häuslichen Pflege. Sie entsteht durch eine Überforderung des pflegenden Angehörigen. Besonders die Pflege eines demenzkranken Menschen stellt hohe Anforderungen an den Pflegenden. Die Persönlichkeitsveränderung, die einhergeht mit einem plötzlichen Rollenwechsel, wird möglicherweise zu einer starken Belastung, die der Angehörige nicht immer kompensieren kann.

Gerade weil so eine enge Beziehung zu den erkrankten Menschen besteht, ist es schwer, jenen professionellen Abstand zu finden, der so wichtig wäre. Kommen noch finanzielle Probleme, soziale Isolation oder Arbeitslosigkeit hinzu, erhöht sich das Gewaltrisiko. So kommt es vor, dass Menschen in der Pflege körperlich misshandelt oder extrem vernachlässigt werden. In beiden Fällen wird von Gewalt in der Pflege gesprochen.

„Sie verstehen mich doch, Frau Rosenberg?"

Bei einer meiner Veranstaltungen hatte ich ein Gespräch mit einer Frau, die ihre demenzkranke Mutter im Haus pflegte. Sie erzählte mir von der aufreibenden Pflege, die sie an ihre persönlichen Grenzen brachte. „Sie macht immer das Gegenteil von dem, worum ich sie bitte. Wenn sie das Nachthemd anziehen soll, zieht sie es aus. Abends, wenn ich in ihr Zimmer komme, hat sie den Inhalt der Kommode komplett ausgeräumt und im Zimmer verteilt. Ist es da ein Wunder, wenn mir mal die Hand ausrutscht?" Ich habe versucht, mir mein Entsetzen nicht anmerken zu lassen. Ganz offensichtlich dachte sie, ich, die selbst Betroffene war, würde ihre Reaktion nachvollziehen können. So versuchte ich ihr Vertrauen zu nutzen und ihr eindringlich klarzumachen, dass sie sich Hilfe holen muss. Es ist nicht in Ordnung, wenn ihr die Hand ausrutscht. Jeder muss wissen, dass Gewalt niemals passieren darf. Nicht zu Hause und auch nicht im Pflegeheim. Gewalt ist ein Ausdruck der Hilflosigkeit und Überforderung.

Gemeinsam suchten wir einen Pflegestützpunkt in der Nähe des Ortes, den sie gleich am nächsten Tag kontaktieren wollte. An diesem Abend gestand sie mir, dass sie noch nie mit einem Menschen darüber geredet hatte. Jetzt, da sie sich selbst reden hörte, merkte sie erst, wie verzweifelt ihr Handeln war.

In dem Moment, in dem Sie merken, dass Ihre eigene Anspannung so anwachsen kann, dass Sie gewalttätig werden würden, müssen Sie handeln. Sprechen Sie mit einem Menschen Ihres Vertrauens darüber und versuchen Sie, die Gründe für Ihr Handeln zu finden. Noch besser ist es, Sie holen sich professionelle Hilfe.

> *Gewalt in der Pflege zuhause*
> Erschreckend ist in diesem Zusammenhang eine Untersuchung der Europäischen Union. Danach werden in wirtschaftlich entwickelten Ländern mindestens 25 Prozent der alten Menschen in ihrem Zuhause vernachlässigt oder gar misshandelt. Bei dieser Untersuchung sind Demenzkranke und Menschen über 85 Jahren nicht mitgerechnet, sodass vermutet wird, die Dunkelziffer könne deutlich höher liegen.

Verurteilen wäre zu einfach

Wer in der Pflege gewalttätig wird, ist nicht automatisch ein schlechter Mensch. Wäre es denn sonst überhaupt zur Übernahme der Pflege gekommen?

Aber die vielen Jahre des Verzichts, die ständige Anspannung und die Verpflichtung, immer verfügbar zu sein, können zu einer psychischen Überlastung führen. Der pflegende Angehörige gerät an seine Grenze und überschreitet sie.

Natürlich will ich auch nichts schönreden. Es gibt leider auch Fälle von Habgier. Dabei wird die Pflege eines Menschen aus finanziellen Gründen übernommen und es kommt zur Vernachlässigung oder Gewalt.

Den meisten ist gar nicht bewusst, dass sie mit ihren Handlungen auch einen Straftatbestand erfüllen. Hier einige Beispiele zu möglichen Straftatbeständen in der Pflege:
- Beleidigung (§ 185 StGB) Freiheitsstrafe bis zu 2 Jahren
- Nötigung (§ 240 StGB) Freiheitsstrafe bis zu 5 Jahren
- Körperverletzung (§223 StGB) Freiheitsstrafe bis zu 5 Jahren

- Freiheitsberaubung (§ 239 StGB) Freiheitsstrafe bis zu 10 Jahren
- Misshandlung Schutzbefohlener (§ 239 StGB) Freiheitsstrafe bis zu 10 Jahren
- Betrug (§ 263 StGB) Freiheitsstrafe bis zu 10 Jahren
- Unterschlagung (§ 246 StGB) Freiheitsstrafe bis zu 5 Jahren
- Diebstahl (§ 242 StGB) Freiheitsstrafe bis zu 5 Jahren

Im oben beschriebenen Fall, in dem der Tochter die Hand ausrutscht, kommen möglicherweise Körperverletzung und Beleidigung als Straftatbestand in Betracht. Eventuell auch Misshandlung Schutzbefohlener.

Finden Sie Anzeichen der Überforderung auch bei Ihnen?

Es muss nicht immer körperliche Gewalt sein. Wer die Bedürfnisse eines Gepflegten ignoriert, wendet auch Gewalt an. Wenn Sie glauben, Sie sind dieser Grenze ganz nahe, dann holen Sie sich Hilfe. *Adressen und Telefonnummern finden Sie am Ende des Buches.*

Vergessen Sie sich nicht selbst

Das ist sehr leicht gesagt und sehr schwer durchzuführen. Immer wieder höre ich von pflegenden Angehörigen, dass sie genau auf diese Tipps verzichten können. „Mal was für mich machen" wird mit einem zynischen Lächeln quittiert. „Wann das sein möge?", fragen die Betroffenen dann zurück. Solch kluge Ratschläge könnten sie nicht gebrauchen.

Doch was genau braucht ein pflegender Angehöriger, der in einer akuten Belastungssituation steckt?

Vermutlich steckt er fest zwischen den Ansprüchen an sich selbst, seinem Verantwortungsgefühl und dem Erwartungsdruck von außen. Es ist völlig klar, dass derjenige nicht schnell mal eine sogenannte „Auszeit" nehmen kann. Das ist ein Prozess, der gut vorbereitet sein will und auch große Unterstützung von außen braucht. Mal so zwischendurch einen Tag Erholung einzuplanen, kann nicht klappen, wenn der pflegende Angehörige keine vertrauenswürdige Unterstützung hat. „Ich kann doch nicht einfach abschalten, wenn ich nicht weiß, wie meine Mutter ohne mich klarkommt. Sie verlässt sich doch auf mich!"

Oft ist es auch die Angst, dem Angehörigen das Gefühl zu geben, ihn im Stich zu lassen. Deswegen beginnt die Auszeit zunächst im Kopf eines pflegenden Angehörigen. Er muss sich klar darüber werden, dass es wichtig ist, eine Auszeit einzurichten, damit die Pflege weiterhin geschultert werden kann. Erst wenn die Einsicht da ist, dass auch oder gerade in einer sehr schwierigen Pflege die Entspannungsmomente eingefordert werden müssen, dass jeder ein Recht darauf hat, ist erst der Weg dafür geebnet.

Mehrgenerationenhaus und Gerlinde

Leben mehrere Generationen unter einem Dach, hört sich das zunächst nach einer attraktiven Lebensgestaltung an. Das kann durchaus zutreffen, solange keine der Parteien über dem ihr möglichen Maße belastet wird.

Auch bei Gerlinde war für viele Jahre das gemeinsame Leben mit ihren Eltern, die im ersten Stock über ihr wohnten, eine angenehme Lösung. Sie selbst lebte mit ihrem Mann und zwei Kindern im Erdgeschoss. Ein kleiner Anbau am Haus verschaffte ihnen noch weitere Räume, die sie für die Kinder nutzten. Mittlerweile waren die jedoch längst aus dem Haus. Die Mutter war 79 Jahre alt, als sie einen Schlaganfall erlitt. Stets war sie das Herz und der Motor der großen Familie. Alle Feste wurden bei ihr gefeiert, und sie vergaß nie einen Geburtstag. Gerlinde, die mittlerweile wieder voll berufstätig war, genoss dies viele Jahre ebenso wie der Rest der Familie. Doch auf einen Schlag war alles vorbei. Die Mutter kam schwerst pflegebedürftig und kaum wiederzuerkennen aus dem Krankenhaus zurück. Sämtliche Reha-Versuche, die sie anfangs noch hoch motiviert anging, brachten keine Besserung. Nach zwei Jahren saß sie, ohne ein Wort zu sprechen und kaum in der Lage, selbstständig zu essen, den ganzen Tag im Rollstuhl und starrte dumpf vor sich hin. Der Vater versuchte, soweit es ihm möglich war, seine Frau zu versorgen. Gerlinde kam jeden Morgen und Abend zu ihren Eltern und half mit. Sie wusch die Mutter, kochte Essen, kümmerte sich um den Haushalt und erledigte sämtliche Korrespondenz der Eltern. Obwohl sie es mehrfach angesprochen hatte, lehnte der Vater Hilfe von außen ab. Er wollte keine fremde Person im Haus haben und war der Meinung, die Familie müsse das selbst schaffen.

Gerlinde empfand ihrer Mutter gegenüber große Dankbarkeit und wollte ihre Eltern auf keinen Fall enttäuschen. So versuchte sie weiterhin ihr Leben mit der täglichen Pflege der Mutter zu stemmen. Hermann, ihr Mann, hatte weniger Verständnis für die anspruchsvolle Haltung seines Schwiegervaters. Mehr als einmal bekamen die Eheleute deswegen Streit. „Dein Vater ist stur. Das halte ich für ziemlich unfair. Er benutzt die moralische Keule, um sich durchzusetzen", schimpft er. Gerlinde ist hin- und hergerissen. Einerseits spürt sie, wie ihre Kräfte schwinden und ihr Mann sich von ihr entfernt, andererseits will sie ihre Eltern nicht im Stich lassen.

Es vergehen weitere zwei Jahre ohne Urlaub und mit wenig Freizeit. Die Situation im Haus wird immer bedrückender. Sogar die Kinder kommen immer seltener zu Besuch. Ihre Freunde sieht Gerlinde fast gar nicht mehr. Wann denn auch? Wenn sie abends nach der Arbeit noch zwei Stunden bei den Eltern hilft, ist sie meist so müde, dass sie bereits nach fünf Minuten auf der Couch einschläft. Einmal mehrere Seiten eines Buches zu lesen, wäre für Gerlinde schon fast wie Urlaub. Meist schläft sie nach der zweiten Seite völlig erschöpft ein. Sie ist müde von den Streitgesprächen mit ihrem Ehemann und der Sturheit ihres Vaters. Sie fühlt sich hin- und hergerissen und kann keine Entscheidung treffen. Bis sie dann eines Tages einen fatalen Weg einschlägt. Ihre Verzweiflung ist so groß, dass sie abends eine Überdosis an Schlaftabletten schluckt. Gerettet wird sie von ihrem Mann, der sie zu wecken versucht, weil der Vater in der Nacht nach Hilfe ruft. Hätte er das nicht getan, wäre Gerlinde am nächsten Morgen tot gewesen. So konnte sie gerettet werden. Ihr Mann merkte gleich, dass etwas nicht stimmte, da sie sich nicht wecken ließ, und verständigte den Notarzt.

Ich traf Gerlinde auf einer Veranstaltung in Hessen. Sie kann wieder lachen, aber die Traurigkeit in ihren Augen ist geblieben. Die Mutter ist mittlerweile verstorben, und der Vater lebt allein in der Wohnung. Er ist nicht pflegebedürftig und hat inzwischen gelernt, Hilfe von außen zuzulassen. Obwohl er nie wirklich verstanden hat, warum Gerlinde so verzweifelt war, hat die Geschichte ihn gelehrt, besser zuzuhören. Und Gerlinde? Sie hat verstanden, wie wichtig es ist, ihre eigenen Interessen wahrzunehmen und auch durchzusetzen. Die Grenzen rechtzeitig zu erkennen und nicht mehr darüber hinwegzugehen. In einer Therapie, die sie regelmäßig besuchte, hat sie sich selbst besser kennengelernt. Zu mir sagte sie damals: „Ich kann nicht mehr verstehen, wieso ich mir das Leben nehmen wollte. Ich hätte viel früher die Reißleine ziehen müssen."

Doch die Reißleine zu ziehen ist schwer, wenn der Druck hoch ist, insbesondere wenn der moralische Zeigefinger gehoben wird. Wer will schon seine Eltern im Stich lassen?

Wann war der richtige Zeitpunkt?
Aber zu welchem Zeitpunkt hätte Gerlinde reagieren müssen? Nun, reagiert hat sie ja. Sie hat einige Male versucht, ihren Vater zu überzeugen, fremde Hilfe anzunehmen. Der jedoch lehnte stets mit der Begründung ab: „Wir schaffen das schon." Hat Gerlinde ihm auch klar gesagt, dass sie es nicht mehr schafft? Oder hat sie es nicht zugeben wollen? Sie hätte offen und direkt ihre Probleme mit der Pflegesituation schildern müssen. Der Vater hätte unter diesem Gesichtspunkt Unterstützung nicht ablehnen können. Vermutlich hat sie sich nicht getraut, ihm das zu sagen.

In so einem Fall ist es immer ratsam, andere Familienmitglieder um Hilfe zu bitten. Vielleicht gibt es jemanden in der Familie, der mehr Zugang zum Vater hat und kein Problem darin sieht, die Lage offen und ehrlich anzusprechen. Für den Fall, dass aus der Familie dazu niemand in der Lage oder verfügbar ist, kann man auch vor Ort bei Beratungsstellen oder Pflegestützpunkten nachfragen.

Endlich Zeit für Nähe
Übrigens hat Gerlinde nach ihrem Selbstmordversuch die Mutter nicht mehr gepflegt. In den letzten Monaten im Leben der Mutter kam täglich der ambulante Pflegedienst, und Gerlinde half nur noch stundenweise im Haushalt oder ging mit der Mutter spazieren, was vorher zeitlich nie möglich war.

So hatte sie endlich die Gelegenheit, auch persönlich Zeit mit ihrer Mutter zu verbringen und nicht nur von Aufgabe zu Aufgabe zu hetzen. Sie durfte die letzten Monate im Leben ihrer Mutter ausschließlich Tochter sein und nicht Pflegerin. Eine sehr wertvolle Zeit, wie sie selbst später sagte. Nur schade, dass dem ein Selbstmordversuch vorangegangen ist.

Anders bei Mary

Mary pflegte gemeinsam mit ihrer Schwester die Mutter auf eine Distanz von 50 Kilometern. Beide Schwestern wohnten nicht in der Nähe der Mutter, die ebenso pflegebedürftig wie auch launisch war. Jedes zweite Wochenende verbrachte Mary bei ihr, um den Haushalt, die Wäsche und den Garten zu erledigen. Ein Umzug kam für die Mutter nicht in Frage. Während der Woche kam der ambulante Pflegedienst vorbei. Doch was anfangs mit Besuchsdienst einmal im Monat begann, endete mit der Verpflichtung, dass jedes Wochenende eine Tochter im Haus sein sollte. Mary hatte nie ein sehr enges Verhältnis zur Mutter, im Gegensatz zu ihrer Schwester. Es war auch nicht ihre Idee, dass jedes Wochenende eine der Töchter anwesend sein sollte. Es hatte sich im Laufe der Zeit einfach so ergeben, auch deshalb, weil ihre Schwester fand, sie wären der Mutter das schuldig. Und die nahm das gerne an und betrachtete es als selbstverständlich. „Ich war auch immer für euch da", sagte sie gerne zur Mary, wenn es zwischen den beiden mal wieder kriselte. Nichts konnte Mary ihrer Mutter recht machen. Aber das war ja schon immer so. Während sie selbst Dinge eher schnell erledigte und dabei gerne mal etwas übersah, war ihre Mutter in allen Dingen sehr penibel. Kein Krümel durfte da auf dem Tisch liegen bleiben.

Ihre Mutter hatte starke Osteoporose und war sehr schlecht auf den Beinen unterwegs. Die meiste Zeit saß sie im Rollstuhl oder lief am Gehwagen. Ein kleiner Schlaganfall vor einigen Jahren hatte zudem ihre linke Körperhälfte leicht gelähmt. Diese Behinderung machte die Mutter mürbe und ungeduldig. So kam es immer öfter zum Streit zwischen Mutter und Tochter.

Um die sich zuspitzende Situation zu entschärfen, bat Mary ihre Mutter darum, an dem einen oder anderen Wochenende den Pflegedienst zu engagieren, da beide dringend eine Pause brauchen würden. Doch die Mutter weigerte sich hartnäckig. Nach über vier Jahren Pflege an jedem zweiten Wochenende kam es zum Eklat. Tochter und Mutter stritten so heftig, dass Mary ihre Sachen packte und nie wieder das Haus betrat. Sie war so tief verletzt, dass sie einen radikalen Strich zog.

Erzählt hat mir die Geschichte die Schwester, die sich damals im Anschluss an den Streit allein um die Mutter kümmerte. Auch sie hat keinen Kontakt mehr zu ihrer Schwester, fühlt aber, dass sie Mitschuld an dem Geschehenen trägt. „Ich bin einfach davon ausgegangen, dass Mary das eben aushalten müsse. Aber ich sehe heute ein: Das war ein Fehler", sagte sie zu mir.

Ganz sicher war es nicht richtig, die Bedürfnisse von Mary in den Hintergrund zu stellen. Denn ganz deutlich hatte Mary mehrmals drauf hingewiesen, dass sie sich ihr Leben anders vorstellte. Vielleicht konnte sie die ständige Verpflichtung über so einen langen Zeitraum nicht mehr aushalten. Weder Mutter noch Schwester hatten sich ernsthaft mit Marys Wünschen auseinandergesetzt. Nun konnten sich Tochter und Mutter nicht mehr versöhnen, da die Mutter ein paar Wochen später an einem zweiten Schlaganfall verstarb.

Auch wenn Marys Schwester gerne jedes zweites Wochenende mit ihrer Mutter verbracht hat, hätte sie respektieren müssen, dass das für Mary nicht galt. Unter Umständen hätte die Familie einen Kompromiss finden können, indem Mary erst einmal die dringend benötigte Auszeit bekommt. Der ambulante Pflegedienst wäre auch am Wochenende gekommen, das war nicht das Problem. Es war falsch, die eigene Erwartungshaltung auf andere zu übertragen. Marys Verhältnis zur Mutter war ein anderes als das der Schwester. Unterschiedliche Menschen erfordern unterschiedliche Lösungen.

In vielen Familien wird das überhaupt nicht berücksichtigt. Es gibt einen Starken unter den Geschwistern, und der bestimmt dann gerne, welche Aufgaben und Pflichten jeder übernehmen soll. So ist es auch kein Wunder, wenn unter dieser Voraussetzung die gesamte Familie oftmals in eine Krise gerät. Nach dem Motto „Ich schaffe das doch auch. Dann sollte es für die anderen auch kein Problem sein!" wird automatisch erwartet, dass die Geschwister den gleichen Anteil an Zeit und Engagement einbringen. Doch wie schon bei Mary erkennbar, kann der eine mehr und der andere eben weniger aushalten. Niemandem soll ein Pflegeplan übergestülpt werden. Schauen Sie immer genau hin, wer welche Menge an Pflegeaufwand aushalten kann, und achten Sie auf Ihre eigenen Zeichen und die der anderen Beteiligten.

Ich erinnere mich an eine Filmreportage über drei Schwestern, die ihre pflegebedürftigen Eltern versorgten. Die älteste Schwester, die keine eigenen Kinder hatte, ging jeden Tag energiegeladen zu den Eltern, kochte, putzte und fuhr anschließend in die Arbeit. Sie gab zu, einige Tage ziemlich erschöpft zu sein, aber strahlend erzählte sie von der gemeinsamen Leistung der Geschwister, die Pflege der Eltern zu meistern.

Schnitt. Man sieht die zweite Schwester, die sich mittags auf den Weg zu den Eltern macht. Sie sieht überhaupt nicht energiegeladen aus und macht einen bedrückten Eindruck. Zunächst sagt sie ebenfalls, dass sie gerne den Eltern ihren Wunsch erfüllt, zuhause bleiben zu können. Aber ein paar Szenen später kann der Zuschauer die tägliche Belastung, die auf ihr liegt, spüren. Am Ende des Films räumt sie sogar ein, dass ihre große Schwester alles mit einem Zeitplan organisiert und einteilt. Auf die Frage der Journalistin, ob ihr das nicht alles mal zu viel wird, zuckt sie nur mit den Schultern und lächelt verlegen.

Es ist vollkommen klar, dass auch hier eine Person bestimmt und die anderen sich fügen. In dem Film wird nicht klar, ob es der Familie überhaupt aufgefallen ist, dass eine der Töchter unter der Belastung leidet, die obendrein noch eine eigene Familie zu versorgen hat und offensichtlich nicht die gleiche Konstitution besitzt wie ihre Schwester.

Abbruch der Pflege

Es ist keine Schande und auch kein Zeichen der Schwäche, wenn ein pflegender Angehöriger die Pflege aufgibt. Dieser Schritt wird unbedingt notwendig, wenn die eigene Gesundheit auf dem Spiel steht. Mir liegt mehr als nur ein Brief vor, in dem Angehörige beschreiben, dass sie oder ihre Frau aufgrund der Pflege sehr schwer erkrankt sind. Ein Leser schrieb mir, er sei felsenfest davon überzeugt, dass seine Frau an den Folgen der schweren Pflege seiner Schwiegermutter gestorben ist. Über acht Jahre habe seine damals 62-jährige Frau ihre Mutter täglich gepflegt, und sie selbst sei nur drei Jahre nach der Mutter gestorben. Er bereut es heute, dass er die Zeichen nicht früher erkannt und eingegriffen hat. „Jetzt ist es zu spät", schreibt er tieftraurig.

Wenn die Pflege nur noch Belastung ist und Sie keine Luft mehr zum Atmen bekommen, dann denken Sie darüber nach, wie Sie die Pflege in professionelle Hände übergeben können. Ich bin sicher, die wenigsten Menschen wollen, dass ein anderer an ihrer Pflege zerbricht. Und letztendlich hat der Gepflegte dann wesentlich mehr von Ihnen. Lassen Sie sich nicht von Ihrem Umfeld einschüchtern. Wer dafür kein Verständnis hat, weiß nicht, was jahrelange Pflege bedeutet. Wie es sich anfühlt, wenn das eigene Leben immer weniger wird. Wenn man täglich von seinen eigenen Gefühlen, die man sich so gar nicht erklären kann, aufgefressen wird.

Es ist ein Zeichen der Stärke, wenn ein Mensch seine Schwäche erkennt und handelt.

Wo stehe ich?
Stellen Sie sich folgende Fragen:
- Schlafe ich schlecht, oder träume ich ständig von schlimmen Dingen?
- Kann ich noch unbeschwert lachen, oder bin ich die meiste Zeit betrübt?
- Gibt es noch Gespräche außerhalb der Pflege mit meinem Mann oder anderen Familienangehörigen oder Freunden?
- Trinke ich gerne mal zu viel, oder brauche ich regelmäßig Tabletten?
- Bin ich in den letzten Jahren ständig krank und fühle mich schlecht?
- Hege ich einen Groll oder gar Hass gegen die Menschen, um die ich mich kümmere?

Wenn Sie bereits zwei Mal mit Ja geantwortet haben, müssen Sie handeln und Ihr Leben ändern. Beginnen Sie mit den ersten Schritten noch heute!

6. FAMILIE REDET MIT!

„Familie kann so schön sein", sagte kürzlich eine Bekannte zu mir. „Aber wenn der Familientag vorbei ist, dann reicht's mir auch wieder für einige Zeit." So empfinden es viele Menschen. Das Gefühl, so angenommen zu werden, wie man ist, erzeugt Entspannung und Zufriedenheit. Doch diesen Zustand der Entspannung haben bei weitem nicht alle Mitglieder einer Familie. Manch einer leidet unter den alten Geschichten, die bei jeder Familienfeier wieder und wieder erzählt werden.

Der einst untalentierte Handwerker wird auf Lebzeiten in den Köpfen als solcher abgespeichert. Dabei spielt es keine Rolle, wenn die Erinnerungen der Familienmitglieder sich auf Ereignisse aus der Jugend stützen. Die Weiterentwicklung eines Einzelnen wird gerne mal komplett ignoriert. Und so bleibt die Erinnerung an einen handwerklich unbegabten Menschen unauslöschbar. Egal, ob er inzwischen eine Menge dazugelernt hat und sich schon mit mehreren Projekte in Form eines Geräteschuppens oder reparierten Rasenmähers im eigenen Heim profiliert hat. Die einst gefasste Meinung bleibt hartnäckig in der Familie bestehen.

Oder die Tochter, deren hauswirtschaftliche Fähigkeiten in der Jugend begrenzt waren: Jedes Mal wird sie beäugt, wenn sie einen Kuchen mitbringt. „Der ist wohl vom Bäcker", witzelt die Familie zum x-ten Male, obwohl sie schon längst eine erfahrene Kuchenbäckerin ist. Leicht genervt erträgt man die spitzen Bemerkungen, stets mit der Gewissheit, es nur für einen kurzen Zeitraum durchhalten zu müssen. So ist eben Familie.

Denn eigentlich sind es doch nur Kleinigkeiten, die für ein paar Stunden beim Familientreffen auszuhalten sind, welches bestenfalls alle paar Monate stattfindet. Oder?

Auch, dass der Bruder eigentlich ein völlig anderes Leben als man selbst führt und ständig von seiner gelungenen Karriere erzählt. Die Eltern, die das auch noch mit Begeisterung begleiten und viel zu ausführliche Fragen dazu stellen. Während man selbst womöglich still daneben sitzt und nach zwei Stunden hofft, dass der Nachmittag schnell vorbeigehen möge.

Geschwister müssen verschieden sein

Vermutlich ein völlig normales Bild einer deutschen Familie. Die Geschwister sind untereinander meist sehr verschieden und haben sich oft im Laufe der Jahre auseinandergelebt.

Die Andersartigkeit der Kinder hat übrigens System. Forscher haben herausgefunden, dass dies nicht nur ein Klischee, sondern auch tatsächlich fast in jeder Familie anzutreffen ist. Während der älteste Sohn ein Vorbild für Zuverlässigkeit, Beständigkeit und Pünktlichkeit ist, kann es sein, dass der jüngere Bruder sich genau gegenteilig verhält. Es wird vermutet, dass sie sich so entwickeln, gerade weil sie Geschwister sind.

Ein Grund dafür liegt in der Konkurrenzsituation der Geschwister. Sie kämpfen ständig um die Zuneigung, Liebe und Anerkennung der Eltern, woraus eine gewisse Rivalität entsteht. Kommt dann noch hinzu, dass die Eltern die Kinder unterschiedlich behandeln und wertschätzen, kann die Unterschiedlichkeit noch extremer ausfallen.

Das Ziel der Kinder ist es, eine einmalige Rolle in der Familie einzunehmen. Es ist also ganz natürlich, dass sich die Geschwister völlig unterschiedlich entwickeln.

Das Drei-Phasen-Modell

Interessant ist das Ausmaß der Geschwisterrivalität, die erheblichen Schwankungen unterworfen ist. Die Entwicklung der Geschwisterbeziehung wird in drei Phasen eingeteilt. Sie beginnt mit der Geburt des zweiten Kindes und ist bereits in den ersten Jahren von einer schwierigen Phase begleitet, welche geprägt ist von Aggressivität und Feindseligkeit. Das Erstgeborene muss lernen, die Position eines Einzelkindes aufzugeben. Eine weitere kritische Phase stellt das Jugendalter dar.

Die Suche nach einer persönlichen Identität und die Ablösung aus der Familie führen zu einer wieder aufflammenden Konkurrenzsituation zwischen Geschwistern.

Zudem bestätigen amerikanische Psychologen, was kaum einer zuzugeben wagt, nämlich dass die Eltern meist einem Kind den Vorzug geben.

So ist es auch kein Wunder, wenn im fortgeschrittenen Alter als Phase drei erneut Feindseligkeiten zwischen erwachsenen Geschwistern ausbrechen können, wenn etwa Krankheiten und Tod der Eltern die Familien wieder enger zusammenführen.

Zwei Brüder wie es unterschiedlicher nicht sein kann

An dieser Stelle will ich den Erstgeborenen Herbert nennen. Er wurde drei Jahre vor dem Bruder Christoph geboren. Herberts Charakter ist geprägt von Fleiß und Pflichtgefühl, Christoph glänzt dagegen mit gewandtem Wortwitz und waghalsigen Experimenten, womit er bereits als kleiner Junge die Aufmerksamkeit der Eltern auf sich zog. Später in der Schule fällt er durch seine Wortgewandtheit und Intelligenz auf und darf demzufolge auch aufs Gymnasium gehen. Der Erstgeborene hingegen erreicht nur die Mittlere Reife und erlernt im Anschluss pflichtbewusst einen Beruf.

Stets berichteten die Eltern von dem äußerst intelligenten Christoph und dem so geschickten und fleißigen Herbert. Bereits in der Kindheit wächst eine enorme Feindseligkeit zwischen den beiden. Ständig gibt es Streit, bei dem die Brüder sich schlagen und wüst beschimpfen. Die Eltern haben

Angst, dass die beiden sich ernsthaft verletzen könnten, und so werden die Brüder möglichst weit voneinander entfernt in der Wohnung untergebracht.

Als die Pubertät beendet ist, zieht der jüngere Bruder sehr frühzeitig aus der elterlichen Wohnung aus, und das Kriegsbeil wird bis auf weiteres begraben. Ihr Verhältnis kühlt ab, und sie arrangieren sich miteinander auf den üblichen Familienfesten. Zuneigung ist jedoch in dieser Geschwisterbeziehung nie entstanden.

Als die Eltern eines Tages Hilfe benötigten, sind beide bereit einzuspringen. Doch die Gräben sind tiefer denn je. Eine offene Gesprächsführung, in der die Erwartungshaltung der Einzelnen zur Sprache hätte kommen können, hat es nie gegeben. Stattdessen übernimmt der Erstgeborene als Hauptverantwortlicher die meisten Aufgaben und grollt gegen seinen jüngeren Bruder, der seiner Meinung nach viel zu wenig Engagement einbringt.

Nur: Wie soll Christoph ahnen, was von ihm erwartet wird? Herbert ist nicht in der Lage, offen und ehrlich seine Ansprüche zu formulieren. So springt Christoph sporadisch ein, wenn er das Gefühl hat, etwas erledigen zu können. Hinzu kommt, dass Herbert so viel Platz einnimmt, dass Christoph sich mehr oder weniger überflüssig vorkommt. „Der macht ja eh alles allein und braucht mich nicht", beklagt er sich.

Herbert hingegen empfindet das Verhalten von Christoph als schändlich. „Der hat ja noch nie Verantwortung übernehmen wollen, der Herr Akademiker. Das ist ja typisch, dass der sich fein raushält", schimpft er sich bei seiner Frau aus.

Christoph hingegen bezieht wie üblich keine Stellung und lässt seinen älteren Bruder gewähren. Er sieht kaum Chancen, sich sinnvoll einzubringen, ohne mit seinem Bruder aneinanderzugeraten. „Der spinnt doch. Der ruft da jeden Tag an und erwartet das gleiche Engagement von mir", reklamiert er. „Ich finde, es reicht durchaus, wenn ich mich einmal die Woche melde."

Was der eine zu viel an Fürsorge mitbringt, stellt der andere hingegen zurück. Die unterschiedliche Erwartungshaltung der beiden Brüder macht ein harmonisches Miteinander schwierig. Sie verfallen beide in ihre gelernten Verhaltensweisen, die weit zurück in ihrer Kindheit verankert sind.

Wie kann eine gemeinsame Pflege funktionieren?

Solange die Rollenverteilung nicht aufgelöst wird, werden die beiden Brüder keinen Weg zueinander finden. Der Älteste wird weiterhin dem Jüngeren grollen, während der wiederum sich mit dem Zorn des Älteren einfach abfindet. Aber letztendlich leiden beide darunter, und der Pflege der Eltern dient es in keiner Weise.

Lösen könnte das ein Mediator, der außerhalb der Familie steht und ein Gespräch mit den Brüdern führt. Darin sollte klar angesprochen werden, welche Erwartungshaltungen die Brüder voneinander haben. Es sollte auch angesprochen werden, ob beide überhaupt die gleichen Möglichkeiten haben, sich in die Pflege einzubringen.

Sind beide Brüder gleichermaßen in ihren Job eingebunden, oder gibt es da Unterschiede? Ist der eine kaum zuhause und auswärts unterwegs, während der andere Bruder unter Umständen vielleicht sogar am Haus der Eltern vorbeifährt, muss das unbedingt thematisiert werden.

Der Mediator wird dabei die unterschiedlichen Lebenssituationen aufzeigen, um in beiden Parteien mehr Verständnis füreinander zu schaffen. Nur so kann ein Kompromiss für die anstehenden Aufgaben gefunden werden. Ein guter Mediator sollte auch um Toleranz für die unterschiedlichen Lebensweisen werben, welche die Brüder womöglich voneinander trennen.

Gelingt dies, kann es einen Weg geben, gemeinsam eine schwierige und emotional belastende Pflege der Eltern zu meistern.

Schwester aus der Entfernung redet mit

Jeden Tag fährt Geli zu ihrem Vater und bringt ihm frische Brötchen vorbei. Seine Wohnung liegt direkt auf der Strecke zur Arbeit, und es macht ihr wenig Mühe, ihm diese Freude zu bereiten. Abends hält sie immer an der Metzgerei an und kauft das Abendessen für ihren Vater ein. Mittags macht er sich meist selbst eine Kleinigkeit. Noch schafft er es, trotz zunehmender Gebrechlichkeit, für sich selbst zu sorgen. Geli will ihm dabei helfen, solange es noch geht.

Eines Tages findet sie auf dem Rückweg von der Arbeit ihren Vater nach einem Sturz auf den Boden liegend in der Wohnung vor. Glücklicherweise hat er sich nichts gebrochen, er lag aber einige Zeit hilflos und ist leicht unterkühlt.

Kaum 24 Stunden nach dem Unglück ist schon ihre ältere Schwester am Telefon, die mit ihrer Familie am anderen Ende von Deutschland wohnt. „Das habe ich doch schon immer gesagt", schimpft sie Geli. „Weil du und Papa so stur seid und er nicht umziehen mag. Er sollte längst in ein Betreutes Wohnen gehen." Wieder muss Geli mit ihrer Schwester diskutieren. Nicht zum ersten Mal mischt die sich ein, obwohl sie eigentlich überhaupt keine Ahnung hat. Sie kommt jeden Monat für ein Wochenende und hat stets gutgemeinte Ratschläge im Gepäck. Entsprechende Heime hatte sie auch schon besichtigt. Ohne den Vater, versteht sich. Geli findet das ungerecht, weil sie und der Vater eigentlich ganz gut zurechtkommen. Geistig ist er völlig klar, weswegen Geli auch keine Notwendigkeit sieht, ihn aus seiner geliebten Wohnung zu reißen.

Immer wieder versucht sie, ihrer Schwester klarzumachen, dass sie alles im Griff hat. „Das sieht man ja, wie du alles beherrscht. Was wäre wohl gewesen, wenn Vater sich was gebrochen hätte?"

Was treibt die Schwester an, solche Vorwürfe und so einen Druck auf Geli auszuüben?

Es ist schwer loszulassen

Für Geschwister ist es schwer, die Pflege der Eltern aus der Ferne zu beobachten, ohne einwirken zu können. Gerade Erstgeborene waren es gewohnt, diejenigen zu sein, die das Ruder in der Hand hielten. Sie hörten von den Eltern: „Jetzt bist du der Ältere und musst aufpassen." Sozusagen der geborene Chef. Ein Verhaltensmuster, das in der Kindheit geprägt wurde und später immer noch Bestand hat.

Und plötzlich wird die Erstgeborene zum Zuschauer, ohne Möglichkeit einzuwirken. Da ist es kein Wunder, dass sie versuchen wird, sich einzumischen. Ist der Vater in einer betreuten Wohnanlage, hat sie vielleicht eher das Gefühl, dass sie wieder mitmischen und als Ansprechpartnerin fungieren kann. In der jetzigen Situation fühlt sie sich ausgeschlossen und meint, sie müsse ihrer Schwester ein wenig von der Verantwortung abnehmen.

Doch der Vater will seine Wohnung nicht wechseln und ist sich mit seiner jüngsten Tochter einig, dass er dafür lieber ein paar Einschränkungen in Kauf nimmt. Dazu gehört auch, dass er nicht mehr alleine auf die Straße geht und warten muss, bis Geli Zeit für ihn hat. Eigentlich hatten die beiden sich ganz gut arrangiert, wäre da nicht das ewige Gemeckere von der älteren Schwester. Das belastet Geli immer mehr, bis es zu einem riesen Streit zwischen ihr und ihrer Schwester kommt.

Die Schwester schaltet den Pflegestützpunkt ein und bittet, dass man jemanden schicken möge, der die Pflegesituation des Vaters überprüft.

Geli ist empört darüber, wie sehr ihre Schwester ihr misstraut. „Du regst dich wegen ein paar Flecken auf der Hose von Papa auf. Hast du echt keine anderen Sorgen?", schreit sie wütend ins Telefon, als sie die Schwester zur Rede stellen will.

„Du bist ja überhaupt nicht ansprechbar, wenn es um die Pflege von Papa geht. Ich finde, er sieht ungepflegt aus, und das akzeptiere ich nicht!", erwiderte sie ärgerlich.

Ungepflegt! Das versteht Geli nun überhaupt nicht. Ist die Freiheit und Unabhängigkeit von Papa nicht wichtiger als eine saubere Hose? Aber ihre Schwester war ja schon immer ein Spießer, denkt sie frustriert.

Familienberatung kann helfen

Tatsächlich meldet sich ein paar Tage später eine Fachkraft vom Pflegestützpunkt und bittet um einen Termin. Geli wollte zunächst nicht kommen, doch sie lässt sich überreden. Ihre Schwester kommt extra dafür angereist.

Gemeinsam sitzen sie nun mit der Fachkraft vom Pflegestützpunkt und ihrem Vater am Tisch. Schon beim Anruf der älteren Schwester beim Pflegestützpunkt ist dem Team klar, dass es hier weniger um Pflegeprobleme geht, sondern um einen Konflikt in der Familie. Aus diesem Grund wurde schon im Vorfeld entschieden, dass die Familie von einer professionellen Mitarbeiterin besucht wird, die Erfahrung mit Konfliktbewältigung in Familien mit pflegenden Angehörigen hat.

Schnell hat sie auch die Situation erkannt und versucht, in einem Gespräch alle Wünsche und Bedürfnisse der Gesprächsteilnehmer zu ermitteln.

Ganz offensichtlich fühlt der Vater sich wohl, was er auch immer wieder betont. Die älteste Schwester hingegen versucht, den Vater zu beeinflussen, dass er es doch viel schöner in einem Heim hätte. Sie redet eindringlich auf ihn ein, bis die Mitarbeiterin vom Pflegestützpunkt sie unterbricht. „Sagen Sie doch einfach mal, was Ihr Problem ist." Da bricht es aus ihr heraus, dass sie ein schlechtes Gewissen habe, weil sie so weit weg lebe und sich nicht um den Vater kümmern könne. Sie mache sich große Sorgen um ihn und hätte ihn gerne in professionelle Hände gegeben.

Geli indessen ist über den wahren Grund für die übertriebene Einmischung ihrer Schwester verwirrt. Sie dachte, es ginge nur um die mangelnde Kompetenz ihrerseits. Jetzt jedoch tut ihr die Schwester sogar etwas leid, weil sie aus der Ferne wenige Möglichkeiten hat, mitzuhelfen, was sie anscheinend gerne würde.

Durch das Gespräch gelingt es, die Sichtweisen der beiden Schwestern, einander näher zu bringen. Dennoch macht die Mitarbeiterin vom Pflegestützpunkt unmissverständlich klar, dass der Wille des Vaters im Vordergrund stehe. Außerdem sehe sie auch kein großes Problem darin, wenn die Kleidung mal nicht lupenrein sauber sei. Es komme doch auf ganz andere Dinge im Leben eines älteren Menschen an. Am Ende des Gespräches können sich alle Beteiligten darauf einigen, im Falle einer Unklarheit erneut die Familienberatung in Anspruch zu nehmen.

Nicht immer kann eine Familienberatung auf Anhieb helfen. Alte Wunden, die bereits in der Kindheit zugefügt wurden, können nicht durch ein Beratungsgespräch geheilt werden.

Dennoch kann eine Runde mit professioneller Begleitung, die für eine klare Aufgabenverteilung sorgt, helfen. Grundvoraussetzung für ein erfolgreiches Gespräch ist immer, dass alle Beteiligten zunächst bereit sind, eine Lösung zu finden.

Der Kaffeebruder

Vermutlich ist es unfair, ihn Kaffeebruder zu nennen. Es gibt bestimmt auch Kaffeeschwestern. (Obwohl sie vermutlich in der Minderheit sind.) Allerdings habe ich irgendwann einmal gemeinsam mit meinen Lesern diesen Namen erfunden. Denn es gibt sie wirklich, die sogenannten Kaffeebrüder.

Sie kennen das Phänomen bestimmt, und es ärgert Sie vermutlich immer wieder. Sie wohnen in der Nähe der Eltern und kümmern sich um die Pflege und sonstigen täglichen Bedürfnisse. Sämtliche Sorgen und Nöte der Pflegebedürftigen landen bei Ihnen. Meist ungefiltert. Sie sind die Anlaufstelle Nummer eins im Leben ihrer Eltern.

Monatliches Kaffee-Erlebnis auf Kosten der Schwester

Einmal im Monat kommt der Bruder samt Familie und besucht die Eltern. Da Sie ein Familienmensch sind, freuen Sie sich auf diese Zusammenkunft der ganzen Familie. Anfangs konnte vermutlich Ihre Mutter die Nachmittage selbst ausrichten, doch seit sie pflegebedürftig ist, haben wie selbstverständlich Sie diese Aufgabe übernommen.

Wieder einmal steht der Besuch an. Sie sind hin- und hergerissen mit Ihren Gefühlen. Einerseits freuen Sie sich auf den Nachmittag, andererseits wird von Ihnen unausgesprochen erwartet, dass Sie Kuchen backen und den Kaffeetisch herrichten. Oder Sie erwarten das sogar selbst von sich.

Wie oft haben Sie schon gedacht: Wie gerne würde ich mal die Eltern einfach nur besuchen? Im Grunde beneiden Sie Ihren Bruder, der zur Tür hereinschneit, um sich dann fröhlich an den gedeckten Kaffeetisch zu setzen.

Wenn Sie so denken, befinden Sie sich in guter Gesellschaft. In jeder meiner Lesungen nicken die Besucher eifrig, wenn ich frage, ob sie auch so einen Bruder oder Schwester haben. Wer das nicht selbst zuhause erlebt hat, kennt das Phänomen aus dem Bekannten- oder Freundeskreis. Es ist sozusagen ein globales Phänomen. Sie werden es kaum glauben, aber eine Besucherin, die ursprünglich aus Kenia stammt, hat erzählt, dass es auch in ihrer Familie in Afrika genau so passiert.

Kommt also besagter Bruder sonntags zu Besuch, ist das auch für die Eltern etwas Besonderes. An diesem Tag geben sie sich große Mühe und haben sich fein herausgeputzt. Stets bemüht, den Schein zu wahren und möglichst wenig über den alltäglichen Kampf um Normalität preiszugeben. Manch pflegender Angehöriger hat schon Bauklötze gestaunt, wenn der demenzkranke Vater plötzlich um Jahre jünger erschien. „Unglaublich, wie der Vater plötzlich aufgeblüht ist in den zwei Stunden, als mein Bruder zu Besuch war", erzählte eine Frau in einer Lesung. „Kaum aber verließ der Bruder das Haus, sackte er wie ein nasser Sack in sich zusammen." Deprimiert erzählte sie, sie habe das schreckliche Gefühl, es könne an ihr liegen. Der Verdacht liegt nahe, dass der Vater die Gesellschaft des Bruders bevorzuge, ja sogar genieße, während ihre eigene Anwesenheit oder Alltag für ihn ist.

Viel schlimmer jedoch trifft es den pflegenden Angehörigen, wenn er dann auch noch den berühmt-berüchtigten Satz hören muss: „Ich weiß gar nicht, was du hast! Ich finde, der Vater ist doch noch ganz gut drauf."

Gerade, wenn man vielleicht Zuspruch von den Geschwistern bräuchte, stößt man auf Unverständnis. Oft können die Geschwister gar nicht nachvollziehen, wovon man spricht, weil sie die kurze Zeit, in der sie zu Besuch sind, nichts davon bemerken. Die Eltern zeigen sich von ihrer besten Seite!

So ist es kein Wunder, wenn Neid und Wut vermehrt auf fruchtbaren Boden fallen. Mit jedem Besuch wächst die Kluft zwischen den Geschwistern. Obendrein erntet der Pflegende oftmals weniger Lob und Anerkennung als derjenige, der einmal zu Besuch kommt. Immerhin ist der Besucher ja etwas Besonderes. Die Eltern verbinden mit dem Besuch nur Positives, während der Pflegende auch für unangenehme Dinge zuständig ist.

Lösung? Gibt es nicht!

Sie warten mit jeder Zeile auf meinen Lösungsvorschlag? Ich glaube, hierfür eine Lösung anzubieten, wäre vermessen. Zu sehr ist diese abhängig von dem Einfühlungsvermögen und der Vorstellungskraft der Geschwister.

Bei manchen ist es sogar so, dass sie einfach die Augen verschließen und nicht sehen, was sie nicht sehen wollen. Da werden Sie nie eine Chance auf Gehör haben.

Eine Besucherin einer Lesung hat es einmal so gesagt: „Meine Schwester will einfach nicht hören, wie schwierig es mit den Eltern ist. Sie lenkt immer sofort auf ein anderes Thema um, wenn ich nur das Wort ‚Eltern' erwähne. Kürzlich hat sie mir knallhart gesagt, ich solle ihr nicht die Illusion und die schöne Erinnerung nehmen. Es würde ja reichen, wenn einer – also ich – diese menschliche Katastrophe aushalten müsse."

Sie können niemanden zwingen, sich mit einem Thema offen und ehrlich auseinanderzusetzen. Manche Menschen bevorzugen das Drei-Affen-Prinzip: Nichts hören, nichts sehen und nichts sagen. Wer das befolgt und es mit seinem Gewissen noch vereinbaren kann, lebt vermutlich etwas ruhiger.

Rollentausch wirkt wahre Wunder

Ist allerdings der Bruder oder die Schwester offen für Ihre Sorgen, aber kann sich die Situation vor Ort so gar nicht vorstellen, dann schlagen Sie doch einfach mal einen Rollentausch vor. Bitten Sie darum, dass er oder sie für ein oder zwei Wochen die Pflege für Sie übernimmt. Kommen Sie dann aber nicht auf die Idee und fahren täglich vorbei, um zu sehen, ob es auch gut läuft. Am besten, Sie nutzen die Gelegenheit und fahren weit weg. Damit wäre die Gefahr am geringsten, dass sie dem Drang, nach dem Rechten zu sehen, nicht widerstehen können.

Profis zum Kaffee einladen

Eine andere Möglichkeit wäre es, wenn Sie eine Fachkraft zum Beispiel von einer benachbarten Sozialstation, einem Pflegestützpunkt oder der Nachbarschaftshilfe zum Kaffee einladen. Führen Sie vorab ein Gespräch mit ihr und erklären Sie, wie wenig Verständnis Ihre Geschwister für die Pflegesituation haben. Oder machen Sie es wie diese pflegende Angehörige, die ihren Bruder erstmal überzeugen musste.

Von dieser Aktion hat mir eine Bekannte erzählt. Da sie stets das Problem mit ihrem Bruder hatte, der nie verstand, warum die Eltern mehr Betreuung bräuchten, sie würden doch immer alles so gut hinbekommen, wenn er da ist, hat sie eine Bekannte aus dem Ort an einem Sonntag eingeladen. In diesem Fall lebte die Mutter allein in ihrer Wohnung, und der Bruder kam alle vier bis sechs Wochen zu Besuch. Manchmal mit Ehefrau und Kinder, aber auch mal ganz alleine. Die Mutter meiner Bekannten zeigte sich stets von ihrer besten Seite und war in den wenigen Stunden besonders fröhlich. Kaum jedoch war der Sohn aus dem Haus, fiel sie in eine tiefe Depression. Entweder sie weinte und haderte mit dem Leben, oder sie zog sich völlig in sich zurück und war kaum ansprechbar.

Da die Tochter dies schon seit einigen Monaten erlebte, das eine oder andere Mal auch spät abends noch deswegen zur Mutter eilte, wollte sie unbedingt, dass die Mutter sich in Therapie begab. Am liebsten wäre ihr ein stationärer Aufenthalt in einer Spezialklinik gewesen. Doch die Mutter verweigerte nicht nur eine Therapie, sondern auch ein Gespräch darüber mit dem Hausarzt. Bei den Routinebesuchen ließ sie sich nichts anmerken. So hatte auch der Hausarzt keine weitere Handhabe.

Die Schwester bat ihren Bruder, mal mit der Mutter zu reden, doch der winkte ab. Er sehe gar keinen Anlass dafür, und er vermutete, dass seine Schwester es ein wenig übertrieben darstellte. „Komm, Schwesterlein, einen Hang zur Dramatik hattest du doch schon immer", lautete seine lapidare Antwort. Nun hatte sie das Glück, dass sich in ihrem Freundeskreis eine Psychologin befand, die Erfahrung im Umgang mit älteren Menschen hatte. Eines Abends erzählte sie ihr von ihrem Problem mit der Mutter und davon, dass ihr Bruder sie nicht ernst nehme. Noch am selben Abend hatte die Psychologin einen Vorschlag für die Freundin. „Ich komme nächsten Sonntag zu eurem Familiennachmittag. Sorge du dafür, dass dein Bruder dieses Mal ohne Familie kommt. Es wird Zeit, dass ihr das Thema offen ansprecht. Lass mich mal machen."

Der Bruder war zwar überrascht, als er von der ihm unbekannten Besucherin und dem Vorhaben erfuhr, zeigte sich aber aufgeschlossen.

Tatsächlich gelang es der Psychologin, durch geschickte Fragestellung an die Mutter das Thema in die gewünschte Richtung zu lenken. Es dauerte nicht lange, bis die Fassade der Mutter, die sie für ihren Sohn so lange aufrechterhalten hatte, zusammenbrach und sie unter Tränen zugab, kaum noch Lebenslust zu verspüren. Der Bruder war geschockt, reagierte aber äußerst einfühlsam. Er versprach, von jetzt an öfters zu Besuch zu kommen. Kaum zuhause angekommen, rief er noch am selben Abend seine Schwester an, die zwar am Nachmittag ebenfalls da war, er aber keine Gelegenheit hatte, mit ihr allein zu sprechen. Er entschuldigte sich für sein Verhalten, und die Geschwister waren sich einig, dass die Mutter dringend ärztliche Hilfe benötigte.

Nicht jeder hat das Glück, einen Psychologen im Freundeskreis ansprechen zu können. Dennoch ist es eine Überlegung wert, ob Sie zu einem dieser bekannten Familienkaffees eine außenstehende Person hinzuziehen wollen. Es könnte eine Bekannte der Familie sein oder jemand aus der Sozialstation vor Ort. Fragen Sie bei der Stadt oder der Gemeinde, ob es eine Anlaufstelle für pflegende Angehörige gibt. Sie finden dort Fachleute, die geschult sind und entsprechendes Einfühlungsvermögen mitbringen.

Kurz vor Termin absagen – Chaos schaffen

Eine etwas radikalere Form, den Bruder zu neuen Erkenntnissen zu führen, wäre eine kurzfristige Absage Ihrerseits. Melden Sie sich fünf Minuten vor dem verabredeten Nachmittag ab. Leider haben Sie auch keinen Kuchen gebacken, weil Sie es vor lauter Fieber total übersehen haben. Ihre Eltern werden nicht mehr aufgeräumt sein wie sonst. Jetzt könnte es richtig hektisch werden. Sagen Sie ihnen, dass heute der Bruder alles organisiert, und lassen Sie ihn ins offene Messer laufen.

Zugegeben, das ist etwas fies. Aber es könnte zum Ziel führen, da die übliche Routine durchbrochen wird und die Eltern sich jetzt outen müssen. So wie Sie es vielleicht ständig erleben, wird es jetzt auch dem Bruder ergehen.

Natürlich dürfen Sie niemals zugeben, dass Sie nicht wirklich krank waren. Lassen Sie ihn im Glauben, dass er diese Erfahrung rein zufällig gemacht hat, bedingt durch ihre plötzliche Erkrankung.

7. DIE SACHE MIT DEM SCHLECHTEN GEWISSEN

Was genau ist die Ursache des schlechten Gewissens?
Kaum ein pflegender Angehöriger ist frei davon, obwohl er vermutlich sein Bestes gegeben hat. Und trotzdem ist es vorhanden, mal mehr und mal weniger: das schlechte Gewissen.

Um einen besseren Umgang mit dem schlechten Gewissen zu bekommen, muss man die Ursache des Gefühls erforschen und verstehen.

„Jahrelang habe ich mich um meine Mutter gekümmert und sie versorgt. Aber nun ist ihre Krankheit so weit fortgeschritten, dass wir einen Heimplatz für sie besorgt haben. Obwohl ich weiß, dass es keine andere Möglichkeit gab, habe ich ein furchtbar schlechtes Gewissen", erzählt eine Tochter bei einer Veranstaltung.

Und das ist nur eine Aussage unter vielen, die auf meinen Veranstaltungen ebenso zu hören sind wie im Bekanntenkreis. Die meisten der pflegenden Angehörigen plagt ein schlechtes Gewissen. Dabei muss der Anlass nicht immer die Pflege selbst sein. Es kann durchaus auch im Beruf aufkommen oder bei der Kindererziehung. „Wenn ich mal wieder zum Hörer greife und versuche, bei der Pflegekasse eine zuständige Sachbearbeiterin zu sprechen, kann das schon eine halbe Stunde beanspruchen. Passiert das öfters in der Woche, habe ich echte Schuldgefühle, weil mein Arbeitgeber das nicht akzeptieren würde", erzählt eine pflegende Tochter.

So ergibt sich das schlechte Gewissen aus der Situation heraus, dass ein pflegender Angehöriger glaubt, nicht all seinen Aufgaben gerecht zu werden.

Arbeitgeber trägt Verantwortung mit
Aber ist es tatsächlich so, dass man ein schlechtes Gewissen haben muss, weil man in der Arbeitszeit den einen oder anderen Anruf tätigt? Die Pflege der alten Menschen ist keine Angelegenheit, die ein Mensch alleine schultern muss. Wir müssen uns darüber im Klaren sein, dass es eine gesamtgesellschaftliche Aufgabe ist. Aus diesem Grund werden auch die Arbeitgeber immer kooperativer, was die Unterstützung der pflegenden Angehörigen betrifft. In manchen Firmen gibt es sogar schon interne Beratungsstellen, die den Mitarbeitern in Pflegesituationen weiterhelfen.

Seit dem 1. Januar 2015 haben die Arbeitnehmer in einer akuten Pflegesituation einen gesetzlichen Anspruch auf zehn Tage bezahlten Urlaub, um die Pflege zu organisieren. In dieser Zeit erhalten sie bis zu 90 Prozent ihres Nettogehaltes als „Lohnersatzleistung" weiter bezahlt.

Voraussetzung hierbei ist eine Einstufung durch den Medizinischen Dienst oder besser gleich eine ärztliche Bescheinigung über die Pflegebedürftigkeit des Angehörigen.

(Mehr zu den Leistungen seit dem 1. Januar 2015 finden Sie auf den letzten Seiten.)

Suchen Sie das Gespräch mit Ihrem Arbeitgeber. Erklären Sie, was gerade in Ihnen vorgeht und warum Sie jetzt seine Unterstützung brauchen. Mit einem offenen Gespräch beugen Sie eventuell aufkommendem Misstrauen vor. Finden Sie gemeinsam eine Lösung, die dafür sorgt, dass Sie kein schlechtes Gewissen haben müssen und Ihr Arbeitgeber nicht das Gefühl hat, Sie würden Ihre Arbeit vernachlässigen.

Eigene Familie muss zurückstecken
„Schon wieder hat meine kleine Tochter mich gefragt, ob wir heute zum Schlittenfahren gehen wollen. Und schon wieder musste ich sie vertrösten, weil ich meinen Vater zum Arzt begleite. Es ist schon das zweite Mal in dieser Woche,

und ich habe ein echt schlechtes Gewissen. Wer weiß, ob nächste Woche noch Schnee liegt", beklagt sich eine Mutter, die sich gleichzeitig um den pflegebedürftigen Vater kümmert.

Wenn die Bedürfnisse der eigenen Kinder immer mehr in den Hintergrund geraten, weil der Zeitbedarf für die Pflegetätigkeit zunimmt, befinden sich die Frauen oft in einer äußerst schwierigen Lage. Einerseits können sie ihre Eltern nicht im Stich lassen, wollen aber andererseits auch ihren eigenen Kindern eine gute Mutter sein. Kein Wunder also, dass sie sich zerrissen fühlen und mit einem ständig schlechten Gewissen gegenüber den Kinder oder dem zu Pflegenden konfrontiert werden.

In solch einer schwierigen Lebensphase wird es auch nicht die eine große Lösung geben, vielmehr müssen kleine Inseln von Lösungen geschaffen werden. Im unserem oberen Fall könnte die Mutter ihre Tochter mit Freunden zum Schlittenfahren schicken und bei ihr um Verständnis für die besondere Situation werben. Kinder sind oft viel verständiger, als man glaubt. Oder sie bittet einen Verwandten, die Fahrt zum Arzt zu übernehmen. Dennoch bleibt es ja nicht nur bei der einen Situation. Meist kommt es in einer Pflegephase ständig zu diesen Momenten, in denen die pflegenden Angehörigen überfordert werden.

Frauen kämpfen vermehrt mit Schuldgefühlen

Dies ist ein Beispiel, wie es täglich in Deutschland vorkommen kann. Obwohl wir uns alle Mühe geben und versuchen, allen Ansprüchen gerecht zu werden, begleitet uns ein schlechtes Gewissen.

Diese Schuldgefühle, die oft ohne eine tatsächliche Schuld ausgelöst werden, treten vermehrt bei Frauen auf. Sie sind prädestiniert, sich selbst zu viel abzuverlangen, bestrebt, ihre Leistung ständig ins Unermessliche zu steigern.

Ich möchte das Thema „Umzug in ein Heim" aufgreifen. Warum haben die Angehörigen ein schlechtes Gewissen, wenn ein Mensch, den sie vielleicht zuvor sogar jahrelang gepflegt haben, in ein Heim umzieht?

Allein der gern benutzte Begriff „abschieben" sorgt für ein schlechtes Gefühl bei diesem Gedanken. Trotzdem wird dieser Begriff leider immer noch sehr oft bei einem Umzug in ein Heim bemüht.

Interessant ist die Frage: Warum haben Frauen in diesem Zusammenhang öfter ein schlechtes Gewissen als Männer?

Was richtig und was falsch ist, haben wir gelernt. Und zwar von unseren Eltern und unserem unmittelbaren Umfeld. Auch der Einfluss der Medien, die hier eine unmittelbare Rolle spielen, ist nicht zu unterschätzen. In den meisten Filmen oder in der Werbung ist es die Frau, die sich fürsorglich und einfühlsam um einen hilfsbedürftigen Menschen kümmert.

In einem aktuellen Kinofilm, bei dem es um einen demenzkranken Vater geht, besteht das Happy End darin, dass die Schwiegertochter, die zunächst keine Lust auf die Pflege hat, am Ende ihren Job aufgibt, um sich voll und ganz dem alten Mann zu widmen. „Ist doch nur ein Film", winken die Filmproduzenten müde ab. Dennoch, es ist eine Botschaft. Sehr subtil, aber immer wieder präsent: Frau pflegt und kümmert sich. Und damit prägt sich das Bild der sich kümmernden Frau tief in das Unterbewusstsein der Zuschauer ein. Mal hier eine kleine Botschaft, mal dort ein versteckter Hinweis. Das Gesamtbild ergibt am Ende eine Frau, die neben all den anderen Aufgaben auch für die Pflege zuständig ist. Und wer dem dann nicht entspricht oder diese Erwartungen nicht erfüllen kann, kämpft mit einem schlechten Gewissen.

Fragen Sie doch mal in Ihrem Freundes- und Bekanntenkreis, wer sich mit Schuldgefühlen plagt, weil nicht genügend Zeit für die Eltern bleibt? Ich bin mir sicher, dass Sie dabei kaum auf einen Mann treffen werden. Ein Mann würde sagen: „Ich arbeite doch den ganzen Tag. Es geht halt nicht." Und damit ist für ihn die Sache abgehakt.

Eine Frau hingegen, macht sich ständig Gedanken. Wie könnte sie es schaffen, trotz Arbeit, Kindern und Haushalt mehr Zeit für die Eltern aufzubringen? Anderen gelingt es doch auch? Wieso scheint nur bei ihr alles so schwierig zu sein?

> *Warum Frauen genauso wenig wie Männer kein schlechtes Gewissen haben müssen:*
> - Weil sie so viel Kraft, wie ihnen zur Verfügung steht, bereits für den Alltag, Familie und Arbeit aufbringen.
> - Weil sie nicht mehr und nicht weniger verantwortlich für die Pflege sind als alle anderen.
> - Weil Frauen nicht automatisch ein Pflege-Gen zur Geburt mitbekommen haben. Die Tatsache, als Frau zur Welt gekommen zu sein, qualifiziert sie nicht automatisch zu einer Pflegerin. Männer können das auch sehr gut!

Doch ist es wirklich so, dass wir unsere Nächsten abschieben?

Oder ist es viel mehr die Tatsache, dass ein Heimplatz für viele Betroffene oftmals die bessere Lösung ist? Muss nicht endlich in der Gesellschaft akzeptiert werden, dass es Pflegestufen bzw. Pflegesituationen gibt, die zuhause nicht mehr lösbar sind?

Wie oft habe ich erlebt, dass sich ein einst schmerzvoller Umzug für den Betroffenen selbst wie auch für die Angehörigen später als Glücksfall herausgestellt hat.

Nach einer anfänglichen Umstellungsphase, die sicher ein paar Monate dauern kann, blühen die Menschen wieder auf.

Die Einsamkeit, in der sie zuvor zuhause gelebt haben, ist verschwunden. Der Verlust ihrer Mobilität hat sie an ihr Haus gefesselt und vereinsamen lassen. Plötzlich erleben sie wieder Gemeinschaft, lernen andere Menschen kennen und finden wieder Sinn in ihrem Leben. Die Mutter einer Bekannten hat zwei Wochen lang täglich heulend bei der Tochter angerufen und sich bitter über den ihr aufgedrängten Umzug ins Heim beklagt. Da sie jedoch zuvor aus gesundheitlichen Gründen in ihrer verhältnismäßig großen Wohnung kaum noch alleine zurechtkam, hatte die Tochter sie mehr oder weniger genötigt umzuziehen.

Sie können sich vorstellen, wie schlecht es dabei der Tochter ging, große Schuldgefühle plagten sie. Doch nach den zwei Wochen hörten die Tränen auf. Die Mutter fing an, sich in ihrem neuen Zuhause wohlzufühlen. Am Ende wurde sie eine wichtige Bezugsperson in der Wohnanlage, sie knüpfte viele Bekanntschaften und konnte mit ihrer erfrischenden Art noch viele Bewohner zu gemeinsamen Aktivitäten motivieren. Heute sagt sie, das sei die beste Entscheidung in ihrem Leben gewesen. Sie hilft anderen in schwierigen Lebenslagen, erfährt aber auch Hilfe, wenn sie sie braucht. Die Mutter hat eine neue Heimat und eine neue Aufgabe in der Seniorenresidenz gefunden, und die Tochter ist erleichtert und froh, diesen Schritt gegangen zu sein.

Warum haben Frauen öfter ein schlechtes Gewissen?

Wem klar ist, dass er dem betroffenen Menschen nichts Böses antut, sondern unter Umständen etwas Gutes, der wird auch kein schlechtes Gewissen haben. Oder er kann sich zumindest mit diesem Gedanken etwas Erleichterung verschaffen.

Interessant ist die Frage: Warum haben Frauen in diesem Zusammenhang öfter ein schlechtes Gewissen als Männer?

Das lässt sich ziemlich leicht beantworten.

Ein Soziologe oder Psychologe würde vermutlich erklären, dass das Gewissen eine innere Stimme ist, die sagt, was richtig und falsch ist. Das sehe ich zwar auch so, aber was richtig und falsch ist, haben wir gelernt. Und da in der Gesellschaft immer noch die Meinung vorherrscht, dass ein Heimaufenthalt grundsätzlich etwas Schlechtes ist, wird fast jeder pflegende Angehörige bei dem Gedanken an eine Unterbringung im Heim zunächst ein Problem mit seinem Gewissen haben. Insbesondere dann, wenn er diese Entscheidung gegen den Willen des Betroffenen treffen muss.

Sie können sich davor schützen, indem Sie sich einige Heime rechtzeitig ansehen. Am besten wäre das selbstverständlich, wenn Sie das mit dem Betroffenen selbst machen, falls dies noch möglich ist.

Sprechen Sie dort mit den Bewohnern und fragen Sie nach deren Angehörigen sowie deren Eindrücken bzw. Erfahrungen. Sollte Ihr Gefühl Ihnen dann vermitteln, dass die Menschen dort gut aufgehoben sind, ist es eine gute Voraussetzung, einem schlechten Gewissen entgegenzuwirken.

Die vielen Facetten des schlechten Gewissens

Tatsächlich geht es aber nicht nur um den möglichen Umzug ins Heim, der ein schlechtes Gewissen bei den Angehörigen auslöst, oft ist es auch die mangelnde Zeit oder die fehlende Empathie, die man nicht aufbringen kann.

Mit fehlender Empathie meine ich, dass nicht jeder Mensch in der Lage ist, das nötige Verständnis und Mitgefühl auf eine starke Veränderung eines Elternteils aufzubringen. Es muss uns klar sein, dass wir unterschiedlich empfinden. Gerade bei einer demenziell erkrankten Person kann es schwierig werden, die ursprünglich positiven Gefühle aufrechtzuerhalten. Die Persönlichkeitsveränderung und die damit einhergehenden Handlungen sowie verbalen Äußerungen können uns zu einer ablehnenden Haltung veranlassen.

Ein einst inniges Verhältnis wird auf die Probe gestellt. Plötzlich fällt die Zuneigung schwer, und es entwickelt sich daraus ein schlechtes Gewissen. Sie fragen sich vielleicht, warum Ihre Haltung immer ablehnender wird, wo Sie doch ganz genau wissen, dass der Mensch krank ist und nicht verantwortlich für sein Verhalten.

Dennoch: Sie sollten nicht zu streng mit sich sein. Denn unsere Gefühle sind eine Reaktion auf emotionale Reize, denen wir ausgesetzt sind. Und so ist es nicht verwunderlich, wenn sich unsere Gefühle im Umgang mit einem Demenzkranken verändern.

Mir war es nicht möglich, in all den Jahren meine einst völlig intakte Tochterliebe aufrechtzuerhalten. Ursache war, dass mich nichts mehr an meine Mutter von damals erinnerte. Weder ihr Verhalten, ihre Gesten noch das Gesagte.

Ich habe stets mit extremer Kopfarbeit und der Gewissheit „Es ist meine Mutter" versucht, ein Minimum an Gefühlen aufrechtzuerhalten. Und doch hat mich stets das schlechte Gewissen verfolgt, weil ich sie nicht mehr so lieb hatte wie früher.

Fragen zum Gewissen

Was auch immer der Grund für Ihr schlechtes Gewissen ist, Sie sollten sich folgende Frage beantworten: Haben Sie etwas Falsches gemacht?

Denn was Sie als falsch empfinden, wird bestimmt durch Ihre Werte und Normen oder die Ihrer Eltern. Der Ursprung der Werte bzw. der Normen kommt aus der Kultur oder aus dem Glauben (der Religion). Gerne gibt auch die Politik mit ständig wiederholenden Parolen Normen vor. Ich denke dabei an unser Gesundheitsministerium, das über viele Jahre den immer gleichen Satz wiederholt hat: „So lange wie möglich zuhause!" Und das auch heute noch weiterhin die „Pflege zuhause" in den Mittelpunkt stellt.

Wer diesen Satz ständig hört und immer wieder daran erinnert wird, dass nur, wer zuhause lebt, glücklich ist, kann kaum noch in eine andere Richtung denken. So ist es nur allzu verständlich, dass schon bei dem Gedanken an ein Altenheim sich sofort das schlechte Gewissen einstellt.

Aber ebenso sind die Werte und Normen stark verknüpft mit den Regeln innerhalb der Familie.

Wenn die Eltern seit jeher lautstark verkündet haben, dass die Kinder für die Pflege der Alten zuständig sind, dann sind Sie mit dieser Aussage groß geworden und fühlen sich dazu verpflichtet. Wenn nun noch dazukommt, dass sich im Freundeskreis der Eltern hauptsächlich die Frauen um die Pflege gekümmert haben und die Männer eher weniger beteiligt waren, ist es nur allzu verständlich, wenn die Frauen sich auch in der nächsten Generation mehr verantwortlich zeigen als die Männer. Damit lässt sich auch erklären, weshalb die Frauen viel schneller von einem schlechten Gewissen befallen werden, wenn sie die Normen und Werte, die für sie gelten, nicht einhalten können.

Das Gewissen als Machtmittel

Nicht selten wird dieses Gewissen als subtiles und auch nachhaltig wirkendes Machtmittel missbraucht. Anders kann man es nicht nennen, wenn Eltern ihre Kinder in dieser Form benutzen. Ich will Ihnen ein Beispiel dazu geben.

Nach einer Lesung kam eine Frau zu mir nach vorne. Sie hatte mein soeben erworbenes Buch unter den Arm geklemmt und sprach mich an. „Ich habe Ihr Buch noch nicht gelesen. Aber ich habe heute Abend viele Parallelen zu meinem Leben entdeckt", sagte sie zu mir. Als ich ein paar Fragen an sie stellte, brach die ganze Geschichte aus ihr heraus. Als sie 27 Jahre alt war, wurden beide Eltern, die schon immer sehr kränklich waren, zum Pflegefall. Vater und Mutter waren nicht mehr erwerbstätig und lebten von einer kleinen Rente.

Sie, als einziges Kind, fühlte sich für die Eltern verantwortlich und kümmerte sich um deren Bedürfnisse. Die Aufgaben in der Pflege wurden immer umfangreicher, weswegen sie sich nach einigen Jahren dazu entschied, nur noch für die Eltern da zu sein. Immerhin war sie doch von ihnen großgezogen worden, lautete der Gedanke, der sie stets begleitete. Insgesamt pflegte sie ihre Eltern 25 Jahre lang! Ich konnte kaum fassen, was sie da erzählte. Sie hatte weder einen Mann gefunden noch eine eigene Familie gründen können. Ihr Leben hatte sie ausschließlich ihren Eltern gewidmet. Nun stand sie vor mir und fragte mich: „Beide Eltern sind jetzt verstorben. Ich bin knapp 50 Jahre alt. Was soll ich denn jetzt machen?" Ein Frage, auf die sie vermutlich in diesem Rahmen keine Antwort von mir erwartet hatte. Sie blieb unbeantwortet im Raum stehen. Was sollte sie jetzt machen? Ich fürchte, sie muss versuchen, ihr Leben neu zu beginnen.

Diese Frau war attraktiv und hatte eine angenehme Ausstrahlung. Ich hatte die Hoffnung, dass sie es schaffen könnte, noch eine Wendung in ihr Leben zu bringen.

Dennoch war ich entsetzt darüber, wie Eltern das zulassen konnten. Dürfen Eltern das Leben der Kinder so in Beschlag nehmen? Ohne ihnen eine Chance dazu zu lassen, dass sie sich selbstständig entwickeln können?

Ich halte das für sehr egoistisch und denke, dass sich die Eltern wenig Gedanken um die Zukunft ihrer Tochter gemacht haben. Sicher wurde in diesem Fall das Gewissen der Tochter als Machtmittel genutzt.

Immer wieder gab es kleine Hinweise von den Eltern, die an das Gewissen der Tochter gerichtet waren. „Was würden wir nur machen, wenn du nicht jeden Tag kommen würdest?" oder „Wir sind so froh, dass du uns ein angenehmes Leben zuhause ermöglichst. Im Heim hätten wir uns schon längst aufgegeben."

Fast wöchentlich erzeugten sie Schuldgefühle mit Aussagen wie: „Ich hab mich so gefreut, dass du heute Abend kommst, aber wenn es nicht geht, kann man nichts machen." Das ging dann so weit, dass die Tochter ihre Zeit nur noch bei den Eltern verbrachte.

Allerdings machte sie trotzdem einen Gesprächsversuch mit ihnen. Bevor sie den Job völlig aufgab, erklärte sie ihre schwierige Situation, die Pflege und die Arbeit zu vereinbaren. Die Mutter gab vor, großes Verständnis für die Tochter zu haben. „Wir verstehen schon, dass du die Pflege nicht mehr weitermachen kannst. Als du klein warst, hatten wir auch große Mühe, immer alles unter einen Hut zu bekommen. Du bist ja viel krank gewesen, und ich musste daher auf vieles verzichten. Aber wir verstehen schon, wenn die Jugend von heute das anders sieht. Weiß der Himmel, wie es dann mit uns weitergeht." Im Anschluss ließ sie die Schulter sinken und richtete ihren Blick starr auf den Boden.

Diese emotionale Keule lastete schwer auf der Tochter. Wie konnte sie jetzt ihren Eltern sagen, dass sie gerne ihren Job und ihr Leben weiterführen wollte? Und zwar ohne die Pflege.

Nur allzu verständlich, dass sie es nicht schaffte, ihren Willen durchzusetzen. Und so entschied sie sich weiterhin für die Pflege der Eltern und gegen ein eigenes Leben.

Was geht in den Eltern vor?

Es stellt sich bei dieser Geschichte auch die Frage: Was treibt die Eltern an, solch einen Anspruch bei ihrer Tochter geltend zu machen? Sind sie herzlos?

Ich glaube nicht, dass sie herzlos sind. Wahrscheinlich halten sie es für völlig normal, dass ihre Tochter sich um ihre Pflege kümmert. Es sind die Angst vor einer Veränderung und die Verlustangst, die im Vordergrund stehen. Wahrscheinlich haben sie es selbst so von ihren Eltern gelernt oder hatten ein traumatisches Erlebnis in der Kindheit.

Besonders anfällig für eine emotionale Erpressung scheinen Menschen zu sein, die ein großes Bedürfnis nach Harmonie haben, die sich stark für das Leben anderer verantwortlich fühlen und auch ein übermäßiges Bedürfnis nach Lob empfinden.

Maßnahmen gegen das schlechte Gewissen

Nachdem wir nun beleuchtet haben, warum wir ein schlechtes Gewissen haben und woher es kommt, sollten wir uns damit beschäftigen, das schlechte Gewissen zu verbannen oder zumindest zu verringern.

Nicht immer wird es im gleichen Maße gelingen. Schon alleine deshalb nicht, weil es des Öfteren vielleicht auch seine Berechtigung hat.

Wenn Sie zum wiederholten Male eine nahestehende Person, die Ihre Unterstützung braucht, nicht anrufen oder besuchen, wird das schlechte Gewissen nicht zu vertreiben sein. Außer Sie haben wirklich gute Argumente, weshalb es Ihnen nicht gelingt. In so einem Fall ist die Lösung sehr einfach. Denn mit einem Besuch oder einem Anruf können Sie Ihr Gewissen erleichtern.

Doch so einfach lässt es sich in der Pflege meist nicht bewältigen. Eine allumfassende Lösung gibt es meist nicht oder ist nur schwer ausführbar.

Nachdem auch ich ständig mit dem schlechten Gewissen geplagt war, habe ich mir eine Liste angefertigt. Sie sollte mich daran erinnern, was ich täglich für meine Eltern tue, und mir helfen, mit meinem Gewissen besser umzugehen.

Als all die Dinge, die ich für meine Eltern täglich, wöchentlich und monatlich erledigte, auf dem Papier standen, wurde mir erst bewusst, wie viel Einsatz ich schon brachte. Den Zettel hing ich an die Wand und warf immer wieder mal einen Blick darauf. Nicht, dass mein schlechtes Gewissen darüber, dass ich mich mal vor einem Besuch gedrückt hatte, dann völlig weg war, aber immerhin dämmte es meine Schuldgefühle etwas ein.

Machen Sie eine Analyse
Analysieren Sie den Ursprung Ihres schlechten Gewissens. Finden Sie, dass Sie zu wenig Zeit für die Pflege oder Betreuung haben? Dann schreiben Sie doch mal auf, was Sie an einem Tag alles zu erledigen haben. Oft lässt sich daraus erkennen, dass Sie beim besten Willen über keine freie Zeit mehr verfügen (siehe Kapitel 1 – Zeitmanagement).

8. DER FINANZIELLE RUIN UND WIE SIE SICH DAVOR SCHÜTZEN

Eine Studie im Rahmen eines Projektes mit dem Namen „Right Time Place Care", in dem Wirtschaftswissenschaftler und Pflegewissenschaftler zusammengearbeitet haben, zeigt die Kostendifferenz zwischen stationärer Pflege und Pflege zuhause auf. Dazu wurden Daten von ca. 2000 demenzkranken Menschen aus Estland, Deutschland, Finnland, Frankreich, Großbritannien, den Niederlanden, Spanien und Schweden erhoben bzw. errechnet.

Das Ergebnis überrascht nicht. 4491 Euro kostet monatlich im Durchschnitt ein Pflegeplatz, während die häusliche Pflege mit ambulantem Pflegedienst und Angehörigen mit 2491 Euro nur die Hälfte der Kosten ausmacht.

Was hier völlig übersehen wird: Bei der häuslichen Pflege geht ein Großteil der Pflegekosten auf das Konto der Angehörigen oder des Betroffenen selbst. Doch wer kümmert sich um die Betroffenen, wenn sie nach jahrelanger aufopfernder Pflege selbst in eine finanzielle Schieflage geraten? Wer bezahlt den Verdienstausfall oder die vielen Nebenkosten, die durch eine Pflege von Angehörigen entstehen?

Sie ahnen es schon: Leider niemand.

Genau zu diesem Thema möchte ich Ihnen von einer Leserin berichten, die mir ihre Geschichte erzählte. Seit fünf Jahren pflegt sie ihren Ehemann. Er hat die Pflegestufe II und ist 100 Prozent schwerbehindert. Am Anfang der Pflegebedürftigkeit hatte sie noch einen sehr gut bezahlten Job, den sie gerne ausübte.

Doch im Laufe der Zeit wurde ihr Arbeitgeber immer unzufriedener mit ihr, weil sie viel Zeit mit Telefonaten und der Organisation der Pflege ihres Mannes beschäftigt war.

Mal kam sie zu spät in die Arbeit, weil der Weg zur Tagesstätte, zu der sie ihren Mann brachte, länger dauerte, oder sie wurde plötzlich gerufen, weil ihr Mann ins Krankenhaus musste. Die Vorfälle häuften sich, und sie sah ein, dass die Arbeit zu sehr unter der häuslichen Pflege litt. Sie entschied sich zu einer einvernehmlichen Kündigung.

Bis dahin war sie 38 Jahre berufstätig. Und, wie sie selbst sagte, sehr gerne!

Das Geld wurde immer knapper. Zuzahlungen zur Tagespflege sowie zum Pflegedienst, der sie unterstützte, belasteten das Familienkonto. Sie beklagte die miserable therapeutische und ärztliche Versorgung in der Region und entschied daher, das Haus zu verkaufen und nach Rheinland-Pfalz umzuziehen.

An ihrem neuen Wohnort erhielt sie endlich kompetente fachliche Beratung, die dabei half, ihre Kosten zu reduzieren. Nach wie vor suchte sie nach einer passenden Arbeit. Doch bei der ARGE war sie schnell aussortiert, wie sie verbittert berichtet. In ihrem Alter und mit einem pflegebedürftigen Ehemann sah man beim Amt keine Möglichkeiten.

Jetzt, sagt sie, nach fünf Jahren Pflege, sei sie pleite und völlig zermürbt wegen der Schikanen der Pflegekasse. Diese habe ihr Leben noch schwerer gemacht, als es eh schon war.

Ihren letzten Schmuck musste sie verkaufen, um vor dem Sozialgericht ihr Recht zu erstreiten. Und der nächste Ärger steht auch schon an. Da sie während der Pflegezeit in Teilzeit gearbeitet hatte, wollen die Behörden ihr den Rentenanspruch, den sie durch ihre Pflegezeit erworben hat, nicht anerkennen. 14 Stunden wöchentliche Pflege wird wegen der Unterbringung in einer Tagespflege nicht anerkannt. Dabei scheint es keine Rolle zu spielen, welche körperlichen und geistigen Gebrechen der Ehemann hatte.

Am Ende steht eine traurige Aussage im Raum, die uns allen zu denken geben muss. Sie sagt, sie liebt ihren Mann wirklich abgöttisch. Aber dass sie die häusliche Pflege noch einmal machen würde, das glaubt sie nicht. Sie könne nur allen Betroffenen raten, sich das gut zu überlegen. Denn am Ende fühlte sie sich einsam, im Stich gelassen und pleite.

Anhand dieser Geschichte wird klar, wie weit Theorie und Praxis oftmals auseinanderklaffen. In der Realität funktionieren die ambulanten Hilfen oft nicht oder sie reichen schlichtweg nicht aus.

Dennoch sollten Sie über die verschiedenen Finanzierungsformen in einem Pflegefall unbedingt Bescheid wissen. Leider ist das bei unserer Geschichte nicht der Fall gewesen.

> Ansprüche aus der Pflegeversicherung geltend zu machen, heißt nicht, dass Sie um etwas betteln müssen. Hier handelt es sich um eine Versicherungsleistung, auf die Sie bzw. Ihr Angehöriger einen Anspruch haben. Ich kenne einige pflegebedürftige Menschen, die sich schämen, weil sie ihre Defizite nicht zur Schau stellen wollen. Das kann ich verstehen, ist aber sehr schade. Wir alle zahlen in ein System ein, damit das Geld auch da ankommt, wo es gebraucht wird. Das nennt sich übrigens das Solidarprinzip. Ein hohes Gut in unserem Land, das es zu wahren gilt, aber auch bei Bedarf zu nutzen.

Die Pflegeversicherung war ein wichtiger Schritt

Sie ist im Jahre 1995 eingeführt worden und ist im Sozialgesetzbuch, elftes Buch (SGB XI), gesetzlich geregelt. Jede Person, die sozialversicherungspflichtiges Mitglied einer Krankenkasse ist, zahlt einen Beitrag in die Pflegeversicherung. Wer Leistungen aus der Pflegeversicherung in Anspruch nehmen will, muss einen Antrag stellen, über den innerhalb von fünf Wochen mittels einer schriftlichen Benachrichtigung entschieden werden muss.

Wer hat Anspruch auf Leistung aus der Pflegeversicherung?

Erste Voraussetzung: Der Pflegebedürftige muss nachweisen können, dass er vor Antragstellung mindestens zwei Jahre lang – innerhalb der letzten zehn Jahre – Beiträge an die gesetzliche Pflegeversicherung geleistet hat.

Zweite Voraussetzung: Durch den Medizinischen Dienst der Krankenversicherung (MDK) muss eine Pflegebedürftigkeit festgestellt werden. Als pflegebedürftig gilt, wer voraussichtlich für mindestens sechs Monate in Folge in erheblichem Maße Hilfe bei den Verrichtungen des täglichen Lebens braucht. Ausschlaggebend dafür, welche Leistungen der Antragsteller tatsächlich erhält, ist der festgestellte Grad der individuellen Hilfebedürftigkeit.

Sichern Sie sich eine Pflegestufe

Stellen Sie frühzeitig einen Antrag auf Pflegegeld, wenn Sie einen Bedarf dafür sehen. Mittlerweile gibt es deutschlandweit Beratungsstellen, die Ihnen beim Ausfüllen des Antrages helfen. Verlassen Sie sich keinesfalls auf irgendwelche Aussagen von vermeintlichen „Experten" aus dem Bekanntenkreis, die scheinbar wissen, ob und wann die Pflegestufen vergeben werden. In meinem Umfeld habe ich dazu schon die unglaublichsten Aussagen gehört. Nach dem Motto: „Nur wer halbtot im Bett liegt, erhält auch eine Pflegestufe." Das ist schlichtweg falsch! Es gibt genaue Richtlinien, wer Anspruch auf eine Pflegestufe hat. Das Ausmaß der körperlichen Einschränkungen bestimmt dann die Pflegestufe.

Doch leider kommt es häufig vor, dass sich die Angehörigen zunächst von Aussagen wie diese schon vorab entmutigen lassen und das Prozedere ihrem Ehepartner oder Elternteil ersparen wollen. Nehmen Sie Ihre Rechte wahr! Sie bzw. der zu Pflegende hat Anspruch auf das Pflegegeld. Sie werden in den kommenden Jahren jeden Cent brauchen!

Rentenbeiträge durch die Pflegeversicherung
Die Pflegeversicherung zahlt Beiträge zur Rentenversicherung für denjenigen, der ein pflegebedürftiges Familienmitglied zu Hause betreut. Vorausgesetzt, er arbeitet neben der Pflege nicht mehr als 30 Stunden in der Woche.

Pflegepersonen sind in der gesetzlichen Rentenversicherung versichert, wenn sie einen Pflegebedürftigen mindestens 14 Stunden pro Woche in häuslicher Umgebung pflegen und dafür kein Gehalt bekommen. Das bedeutet, dass außer dem staatlichen Pflegegeld kein Geld zu ihren Gunsten fließen darf. Sie können vom Pflegebedürftigen eine finanzielle Anerkennung erhalten, sofern diese die Höhe des Pflegegeldes nicht übersteigt.

Wann kann man Pflegegeld beanspruchen?
Bisher wird ausschließlich die Grundpflege berücksichtigt. Das bedeutet, es wird geprüft, welche Hilfen nötig sind, um die Körperpflege, das An- und Auskleiden, die Toilettengänge sowie die Nahrungsaufnahmen zu sichern.

Wer also in einem bestimmten Umfang bei den täglich anfallenden Verrichtungen Hilfe benötigt, hat Anspruch auf Leistungen aus der Pflegeversicherung.

Erst im sogenannten Pflegestärkegesetz 2 sollen die Grundlagen für eine Einstufung geändert werden. Das Bundesministerium für Gesundheit will einen neuen Pflegebedürftigkeitsbegriff definieren und ein neues Begutachtungsverfahren einführen. Dabei sollen die Bedürfnisse von Demenzkranken mehr berücksichtigt werden. Im Vordergrund stehen dann nicht nur die körperlichen Einschränkungen, sondern auch die Menschen die unter kognitiven und psychischen Einschränkungen leiden, wie beispielsweise die Demenzkranken.

Nähere Erläuterung zum Pflegestärkegesetz 2 finden Sie am Ende des Buches.

Die verschiedenen Pflegestufen von 0 bis III

Wer pflegebedürftig ist, kann eine Pflegestufe beantragen. Das geschieht bei Ihrer Krankenkasse. Von dort meldet sich dann ein Mitarbeiter (Ärztin oder Arzt) des Medizinischen Dienstes für einen Hausbesuch bei Ihnen. Vor Ort wird er oder sie versuchen, sich ein Bild von der Pflegebedürftigkeit zu machen. Das ist nicht immer einfach, weil der zu begutachtende Mensch oft versucht, sich besonders anzustrengen. Wer will schon die schlechteste Seite von sich zeigen? Außerdem kann dieser Besuch nur eine Momentaufnahme sein. Schlimmstenfalls findet der Termin an einem der besseren Tage statt und der Gutachter bekommt einen falschen Eindruck.

Ein Pflegetagebuch hilft bei der Begutachtung

Besser wäre es, Sie schalten schon vorher einen Pflegedienst ein, der Ihnen z.B. beim Ausfüllen eines Pflegetagebuches behilflich ist.

In einem *Pflegetagebuch* wird über mehrere Tage hinweg das alltägliche Verhalten minutengenau dokumentiert, was dem Gutachter hilft, den Pflegeaufwand besser einzuschätzen. (Die Verbraucherzentrale Nordrhein-Westfalen stellt übrigens dafür eine Vorlage im Internet bereit.)

Leider werden trotzdem oftmals die Gutachten zu Ungunsten der Betroffenen verfasst und eine zu niedrige oder gar keine Pflegestufe vergeben. Wenn Sie der Meinung sind, dass das Gutachten nicht den Tatsachen entspricht, sollten Sie unbedingt innerhalb von vier Wochen dagegen Einspruch erheben, und zwar bei der Krankenkasse und nicht beim MDK!

Bitten Sie den Hausarzt um ein Gutachten. Es hilft Ihnen dabei, Ihre Ansprüche durchzusetzen.

Laut dem MDK führen 43 Prozent aller Widersprüche, die gegen die Pflegegutachten eingereicht werden, zur Einstufung in eine höhere Pflegestufe (Bericht „frontal 21" vom Mai 2013).

Der nötige Zeitaufwand in der Pflege
In
Pflegestufe I sind mindestens 90 Minuten,
Pflegestufe II 180 Minuten,
Pflegestufe III 300 Minuten am Tag
notwendig, um die entsprechende Pflegestufe und die dazugehörigen Pflegeleistungen zu erhalten.
Der Begriff Pflegebedürftigkeit wird überarbeitet und auch an die Bedürfnisse von demenziell erkrankten Menschen ausgerichtet. Mehr dazu auf Seite 194 f.

Kündigung der Arbeit als allerletzter Schritt

Eine Besucherin einer Veranstaltung erzählte am Ende meiner Lesung folgende Geschichte:

Als ihr Vater erkrankte, war sie Ende 40 und arbeitete Vollzeit bei einem Pharmaunternehmen. Anfangs ließ sich die Pflege ihres Vaters mit der Berufstätigkeit noch gut vereinbaren. Der Zeitaufwand in der Pflege beschränkte sich auf einige Stunden in der Woche, in denen sie ihrem Vater den Haushalt erledigte und vorkochte. Doch im Laufe des Jahres wurde er immer hinfälliger und sie musste oft schon am frühen Nachmittag bei ihm vorbeifahren, wenn sie mal wieder einen Anruf bekam.

Die größere Schwester lebte übrigens einige hundert Kilometer entfernt und bekam von der Situation nur wenig mit.

Sie selbst hatte keine Kinder und lebte in Trennung von ihrem Mann. Als die Pflege immer intensiver wurde und die Kombination mit ihrer Arbeit immer schwieriger, kündigte sie kurzerhand ihren Job. Sie gab zu, schon seit einiger Zeit über einen Stellenwechsel nachgedacht zu haben. Mittlerweile war sie 51 Jahre alt und wollte sich zunächst intensiver um ihren Vater kümmern. Pläne für die Zeit nach der Pflege gab es nicht. Offen und erstaunlich ehrlich sagte sie ins Publikum, sie wolle heute nicht mehr behaupten, dass sie es nur für ihren Vater getan habe. Er war zwar der Auslöser für die Kündigung, aber nicht der alleinige Grund.

Anfangs lief es ganz gut zwischen den beiden, aber mit zunehmender Pflegebedürftigkeit fühlte die Tochter sich überfordert. Nach einem Jahr intensiver Pflege war sie wieder auf Stellensuche und wollte nur noch stundenweise die Pflege übernehmen. Vater und Tochter waren sich einig: Wenn der ambulante Dienst nicht mehr ausreichen sollte, würde der Vater in ein Heim umziehen.

Doch die Stellensuche gestaltete sich schwierig. Die Ersparnisse von Vater und Tochter waren in der Pflege aufgebraucht worden, das Geld wurde knapp. So blieb der Tochter nichts anderes übrig, als sich erneut bei der ARGE zu melden. Sie beantragte Hartz IV, um ihren Lebensunterhalt zu sichern. „Ich bin sehr verbittert", sagte sie zum Publikum. „Heute weiß ich, dass ich von der Gesellschaft fallen gelassen worden bin. Kein Unternehmen stellt mich mit meinen mittlerweile 56 Jahren mehr ein."

Der Vater war vor einem Jahr verstorben. Die Tochter blieb allein und ohne Perspektive zurück.

Wo hätte das Rad anders gedreht werden müssen? Verständlicherweise hat die Tochter sehr emotional gehandelt und übereilt ihren Job gekündigt. Sie hätte durchaus andere Möglichkeiten gehabt, um zunächst die Pflege des Vaters zu übernehmen, ohne die Sicherheit ihrer Arbeitsstelle aufzugeben. Pflegezeit oder Familienpflegezeit wären eine Möglichkeit gewesen.

Anspruch auf Pflegezeit per Gesetz
Wird ein Angehöriger pflegebedürftig, hat ein Arbeitnehmer einen Anspruch auf eine unbezahlte, sozialversicherte Freistellung von der Arbeit für die Dauer von bis zu sechs Monaten.

Wer hat Anspruch auf Pflegezeit?
Anspruch auf Pflegezeit hat jeder, der einen nahe verwandten Menschen, bei dem mindestens Pflegestufe I vorliegt, in häuslicher Umgebung pflegen will. Der Anspruch besteht nur gegenüber Arbeitgebern, die in der Regel mehr als 15 Beschäftigte haben. Als nahe Angehörige gelten insbesondere: Ehegatten, Lebenspartner, Partner einer eheähnlichen Gemeinschaft, Großeltern, Eltern, Geschwister, Kinder, Adoptiv- und Pflegekinder, Enkelkinder sowie die Schwiegereltern und Schwiegerkinder.

Der Nachteil: Der pflegende Angehörige muss sich selbst bei der Krankenkasse weiter versichern. Nur die Rentenversicherung wird von der Pflegekasse übernommen. So hätte sie zwar die Stelle nicht verloren, müsste die Zeit aber selbst finanzieren.

Die Familienpflegezeit als Alternative
Eine weitere Möglichkeit wäre die Familienpflegezeit gewesen. Dazu hat die Bundesregierung am 15. Oktober 2014 den Gesetzentwurf zur besseren Vereinbarkeit von Familie, Pflege und Beruf beschlossen und einen Rechtsanspruch auf die Familienpflegezeit eingeführt! Das Gesetzt ist seit dem 1. Januar 2015 in Kraft getreten.

Nun besteht die Möglichkeit, zur Pflege eines nahen Angehörigen die Wochenarbeitszeit für einen Zeitraum von maximal 24 Monaten auf bis zu 15 Stunden zu reduzieren. In dieser sogenannten Familienpflegezeit besteht Kündigungsschutz, und das Gehalt wird um die Hälfte des reduzierten Arbeitsentgelts aufgestockt. Nach dem Ende der Familienpflegezeit wird in der Nachpflegezeit so lange das reduzierte Gehalt weiter gezahlt, bis der Gehaltsvorschuss ausgeglichen ist. Auch hier trägt der Arbeitnehmer allein die Kosten der Pflege. Der Vorteil jedoch ist, dass die Arbeitsstelle erhalten bleibt.

Am Ende der Veranstaltung kam die Besucherin zu mir und sagte, wenn sie geahnt hätte, dass sie für den Rest ihres Lebens ohne Stelle bleiben würde, hätte sie niemals so leichtfertig ihren Job aufgegeben. Viel besser wäre gewesen, sie hätte sich ein halbes Jahr Pflegezeit genommen.

Ich kann an dieser Stelle nur allen raten, sich nicht völlig unüberlegt in eine für einen unbekannte Situation zu begeben.

Eine Pflege kann viele Jahre dauern und sollte gut geplant werden. Eine sichere Arbeitsstelle dafür aufzugeben, ist ein großes Risiko und muss wohl durchdacht sein.

Mutter kann nicht ins Heim – wir haben kein Geld

Von einer anderen verheerenden Situation erfuhr ich ebenfalls in einer Veranstaltung. Am Ende der Lesung stand eine Frau auf und beschwerte sich bitter darüber, dass sie ihre Mutter nicht in ein Heim geben konnte, weil es so teuer sei. Aus diesem Grund sah sie sich in der Pflicht, die Pflege zu übernehmen, und kündigte ihre Stelle. „Was blieb uns denn anderes übrig?", fragte sie in die Runde. Heute sei sie nach acht Jahre Pflege ein körperliches Wrack und in ihrem Alter mit 56 Jahren obendrein auch noch arbeitslos. Mit der Rente sehe es auch schlecht aus, weil sie ja die letzten Jahre nicht gearbeitet habe und bis zum Rentenalter auch keine Arbeit mehr finden werde. Es war unschwer zu erkennen, dass sie sehr wütend war.

Doch hat sie recht mit ihrer Wut? Eher nicht. Denn die Aussage stimmt so nicht. Jeder Mensch, der mindestens Pflegestufe I hat oder eine erheblich eingeschränkte Alltagskompetenz (Demenz), hat die Möglichkeit, einen Heimplatz in Anspruch zu nehmen.

Einen Teil der Kosten übernimmt nach Antragsstellung die Pflegekasse. Reichen die eigenen finanziellen Mittel für den Eigenanteil nicht aus, springt das örtliche Sozialamt ein.

Richtig ist allerdings, dass die Sozialkasse prüfen wird, ob sie sich Geld bei den Kindern zurückholen kann.

Zunächst jedoch wird der Ehepartner zur Unterhaltspflicht herangezogen. Ist der nicht in der Lage oder bereits verstorben, werden das Vermögen und die Einkünfte der Kinder geprüft. Wer nichts hat, muss auch nichts abgeben!

Unterhaltspflicht für die Eltern

Seit dem BGH-Urteil vom Februar 2014 ist klar, dass grundsätzlich alle Kinder gegenüber ihren Eltern unterhaltspflichtig sind. Dabei spielt es keine Rolle, welchen Kontakt sie hatten bzw. ob sie überhaupt Kontakt miteinander hatten. Unterhaltspflichtig sind übrigens nur die Kinder des Berechtigten. Schwiegerkinder sind davon nicht betroffen (BGH, Urteil vom 14. Januar 2004, Az. XII ZR 69/01).

Werden die Kinder zur Unterhaltspflicht herangezogen, ist der finanzielle Aufwand bei weitem nicht so hoch, wie oft angenommen wird.

Kinder haften für ihre Eltern

Einer Berechnung liegt das bereinigte Nettoeinkommen zugrunde, bei Selbstständigen der Gewinn.

Zur Berechnung der Unterhaltsverpflichtung dient zuerst das Nettoeinkommen. Angerechnet werden Belastungen wie
- Krankenversicherung (einschließlich Zuzahlungen),
- monatlich laufende Ausgaben für Versicherungen, Ratenzahlungen oder Kredite,
- Kosten für Kinderbetreuung und Werbungskosten, die vom Sozialamt anerkannt werden,
- Beiträge zur Altersvorsorge,
- Fahrtkosten zum Pflegeheim,
- Unterhaltszahlungen für Kinder und Ex-Ehepartner.

Von diesem "bereinigten" Nettoeinkommen wird noch der sogenannte Selbstbehalt abgezogen: für Alleinstehende sind das 1600 Euro, für den Ehepartner können zusätzlich 1280 Euro geltend gemacht werden. In diesem Selbstbehalt ist die Miete bereits mit eingerechnet. Alle Einkünfte oder Vermögenswerte darüber hinaus müssen zu 50 Prozent abgegeben werden, so der Bundesgerichtshof.

Sind eigene Kinder unter 18 Jahre vorhanden, kommen hier noch pro Kind Freibeträge hinzu, die sich nach der Düsseldorfer Tabelle richten (bis zur Vollendung des 6. Lebensjahres: 317 Euro; bis zur Vollendung des 12. Lebensjahres: 364 Euro; bis zur Vollendung des 18. Lebensjahres: 426 Euro).

> *Vereinfachte Beispielrechnung:*
> Eine Familie mit zwei Kindern (6 Jahre und 13 Jahre), beide Eltern berufstätig, haben einen monatlichen Freibetrag von (1600 + 1280 + 317 + 426 Euro) insgesamt 3623 Euro.

Schonvermögen

Zum Schonvermögen gezählt wird für das Alter angespartes Vermögen: Fünf Prozent des Bruttoeinkommens, das im gesamten Erwerbsleben erwirtschaftet wurde, darf nicht angetastet werden.

Zur groben Orientierung: Mit durchschnittlichem Verdienst kann man in einem Alter von 55 Jahren mit einem Schonvermögen von 100 000 Euro rechnen. Vermögen in Form von Sparbüchern, Aktiendepots, Wertpapieren und Bankguthaben wird erst ab einer bestimmten Grenze eingesetzt. Zinseinkünfte zählen nicht zum Einkommen, soweit die Schonvermögensgrenze nicht überschritten ist.

Wie verhält es sich mit Wohneigentum der Kinder?

Der Bundesgerichtshof (BGH-Urteil vom 7. August 2013, Az. XII ZB 269/12) hat entschieden, dass das Eigenheim der unterhaltspflichtigen Kinder bei der Berechnung ihrer Leistungsfähigkeit nicht zu bewerten ist. Dennoch bleibt die selbst genutzte Immobilie nicht unberücksichtigt. Da die monatliche Miete entfällt, wird ein sogenannter Wohnvorteil angerechnet. Dem monatlichen Einkommen, das als Basis für die Berechnung von Unterhaltspflichten dient, wird entsprechend ein Betrag hinzuaddiert.

Fazit: Die Tochter hätte für die Mutter einen Heimplatz suchen können. Wer die finanziellen Mittel selbst dafür nicht aufbringen kann, muss nicht seine eigene Existenz gefährden, sondern kann mit finanzieller Hilfe vom Staat rechnen.

Interessanter Fall, der eine fatale Schlussfolgerung nach sich zieht!

Ein junger Mann, der noch studiert, hat in einem Finanzforum folgende Fragen gestellt bzw. Sachverhalt geschildert:

Ich habe folgendes Problem:

Meine Sorge ist, dass ich durch einen Pflegefall meines Vaters finanziell ruiniert werde, falls ich es schaffe, in den nächsten Jahren Geld zu sparen.

Ich bin Student und 27 Jahre alt. Mein Vater ist bereits 64 Jahre alt und lebt im Ausland. Meine Eltern sind geschieden, aber meine Mutter lebt hier in Deutschland. Als ich acht Jahre alt war, haben sich meine Eltern scheiden lassen. Mein Vater ist übergewichtig und hatte schon immer ein Alkoholproblem. Nach der Scheidung machte mein Vater eine Entziehungskur und war anschließend viele Jahre berufsunfähig. Ich bin mit meiner Mutter in eine andere Stadt gezogen und hatte wenig Kontakt zu meinem Vater. Die finanzielle Unterstützung durch meinen Vater war eher bescheiden.

Weder Vater noch Mutter haben eine Pflegezusatzversicherung. Jetzt ist es wohl für die beiden zu spät.

Ich fürchte, mein Vater kann bald ein Pflegefall werden. Er lebt ungesund und ich habe heute schon am Telefon den Eindruck, dass er geistig abbaut. Nach wie vor haben wir kein gutes Verhältnis.

Mein Problem ist nun, dass ich glaube, wenn er zum Pflegefall wird, kommt er wieder nach Deutschland und ich bin mit meiner Schwester unterhaltspflichtig.

Er hat keine Pflegezusatzversicherung.

Er hat in Deutschland wenig gearbeitet und bekommt bestimmt keine große Rente, die er für seine Pflege verwenden könnte. Meine Mutter hat auch kaum Geld.

Das bedeutet, dass wir Kinder (ich habe noch eine Schwester) für seine Pflege aufkommen müssen.

Nun will ich Folgendes wissen:
1. *Macht es für mich überhaupt noch Sinn, nach meinem Studium regelmäßig Geld beiseitezulegen (in Form von Tagesgeld oder Festgeld), oder wird mir im Pflegefall meines Vaters das meiste davon weggenommen? Sodass ich also alles, was vom Nettogehalt übrig bleibt sofort ausgegeben werden muss, damit mir der Staat nichts wegnehmen kann?*

Antwort: Ja, es macht schon Sinn! Am besten man legt das Geld in Wohneigentum an, das wird vom Staat nicht angegriffen.

2. *Welche Anlageformen würden nach meinem Studium Sinn machen (Vermögensaufbau) unter der Gefahr, dass zumindest mein Vater später ein Pflegefall wird?*

Antwort: Bauen Sie sich ein Haus oder kaufen Sie sobald wie möglich eine Eigentumswohnung und beziehen diese.

3. *Kann mir ab einer bestimmten Höhe auch was von meiner Altersvorsorge weggenommen werden?*
   Wenn ich z.B. zehn Jahre später ein Sparbuch habe, auf dem 1 Million Euro draufliegen, und ich sage, dass das allein für meine Altersvorsorge ist, kann mir dann trotzdem etwas davon weggenommen werden?

Antwort: Wenn Sie eine Million Euro haben, sind Sie Ihrem Vater gegenüber unterhaltspflichtig. Das nicht anzutastende Vermögen wird mit dem Alter verrechnet (siehe oben).

4. *Gibt es eine Anlageform, in der mir von der Summe nichts weggenommen werden kann?*

Antwort: Nein! Außer es handelt sich um selbst genutztes Wohneigentum.

5. *Wäre es genauso teuer wie eine stationäre Pflege, wenn ich aus dem Ostblock eine Krankenschwester holen würde, und wie wäre es, wenn mein Vater zur Pflege in Spanien wäre?*

Antwort: In den meisten Fällen ist eine Pflege durch eine/n osteuropäische/n Helfer/in günstiger.
In Spanien gelten andere Gesetze. Das BGH-Urteil, welches die Unterhaltspflicht der Kinder gegenüber den Eltern bestätigt, gilt nur in Deutschland.

6. *Was wäre, wenn ich aus beruflichen Gründen in der Schweiz wohnen würde oder einem anderen Land außerhalb der EU?*

Antwort: Solange Sie die deutsche Staatsangehörigkeit behalten, gilt weiterhin das Gesetz der Unterhaltspflicht. Egal, wo Sie wohnen.

> 7. *Soll ich für die nächsten 20–40 Jahre das Geldsparen sein lassen (z. B. Festgeldkonto, Sparbuch), weil es mir durch den Elternunterhalt sowieso wieder weggenommen werden würde?*

Diese Frage ist in seinem speziellen Fall nicht unbegründet. Ich glaube, die beste Lösung für diesen jungen Mann wäre, sich Wohneigentum zu schaffen.

Damit kann er zunächst sicher sein, dass der Staat das nicht angreift. Ebenso Vermögen, welches nicht die fünf Prozent des Bruttoeinkommens, gerechnet auf die Erwerbszeit, übersteigt.

Sämtliches Vermögen, was darüber hinausgeht, kann zur Pflege für den Vater herangezogen werden.

Wer das vermeiden will, muss es schlichtweg ausgeben!

Äußerst berechtigte Fragen, die sich dieser junge Mann stellt. Ist es für ihn überhaupt sinnvoll, darüber hinaus Geld zu sparen? Diese Frage stellen sich vermutlich viele Menschen, die die Sorge haben, ihr erspartes Geld für die Pflege ihrer Eltern zu verlieren.

Herzlos? Ja, wenn die Kinder nur an sich denken. Nein, wenn die Eltern auch nie an die Kinder gedacht haben. So wie im Fall in dem BGH-Urteil vom 13. Februar 2014.

Was kostet ein Heimplatz?
Zunächst sollten Sie wissen, dass die Kosten eines Pflegeplatzes im Heim nicht der Betreiber einer solchen Einrichtung alleine festlegen kann. Er muss die monatlichen Kosten mit den Pflegekassen zuvor verhandeln.

Die dann vereinbarten Kosten für einen Pflegeplatz im Heim richten sich nach verschiedenen Kriterien, wie z. B. die Ausstattung einer Einrichtung, Neubau oder Altbau, usw.

Die Höhe der Pflegekosten einer Pflegekasse bleibt davon jedoch unberührt. Aus der Differenz der monatlichen Leistung bei einer vollstationären Pflege zu den Heimkosten entsteht dann der Eigenanteil, der von dem Pflegebedürftigen getragen werden muss.

Beispielrechnung: Ein Pflegebedürftiger mit Pflegestufe II erhält von der Pflegekasse 1330 Euro. Die Wahl fällt auf ein relativ neues Heim in der Nähe von München. Die Heimkosten belaufen sich auf monatlich 3597 Euro. So verbleibt ein monatlicher Eigenanteil von 2267 Euro.

Darin sind Unterkunft, Verpflegung und Pflege enthalten.

Leistungen bei vollstationärer Pflege	
Stufe der Pflegebedürftigkeit	Leistungen ab 2015 pro Monat (Angaben in Euro)
Pflegestufe 0 (mit Demenz*)	0
Pflegestufe I	1064
Pflegestufe I (mit Demenz*)	1064
Pflegestufe II	1330
Pflegestufe II (mit Demenz*)	1330
Pflegestufe III	1612
Pflegestufe III (mit Demenz*)	1612
Härtefall	1995
Härtefall (mit Demenz*)	1995

Die Pflegereform ab Januar 2013

Mit der Pflegereform, die im Januar 2013 in Kraft getreten ist, hat sich nichts Wesentliches verbessert. Die Pflegesätze sind um ein paar Euro angehoben worden, und für die Demenzkranken gibt es eine Pflegestufe 0 (die eigentlich keine ist), in der es monatlich 120 Euro für die häusliche Pflege gibt und 225 Euro für sogenannte Sachleistungen.

Wer erhebliche Einschränkungen in der Alltagskompetenz aufweist und durch seine körperlichen Einschränkungen bereits eine Pflegestufe I oder II erhalten hat, bekommt mehr Geld. Für diejenigen steigt das Pflegegeld in der Stufe I um 70 Euro auf 305 Euro, in der Stufe II um 85 Euro auf 525 Euro. Die Sachleistungen erhöhen sich in der Stufe I um 215 Euro auf 665 Euro, in der Stufe II um 150 Euro auf 1250 Euro. In der Pflegestufe III bleibt jedoch alles, wie es war.

Seit Januar 2015 haben sich die Beträge für Pflegegeld, Pflegesachleistung und der Zuschuss für vollstationäre Pflege erhöht.

Die Leistungen für die häusliche Pflege

Wer zuhause gepflegt wird, erhält ein monatliches Pflegegeld über das er frei verfügen darf.

Je nach Pflegestufe wird jeden Anfang des Monats die Leistung auf das Konto der Pflegebedürftigen überwiesen.

Stufe der Pflegebedürftigkeit	Leistungen ab 2015 pro Monat (Angaben in Euro)
Pflegestufe 0 (mit Demenz*)	123
Pflegestufe I	244
Pflegestufe I (mit Demenz*)	316
Pflegestufe II	458
Pflegestufe II (mit Demenz*)	545
Pflegestufe III	728
Pflegestufe III (mit Demenz*)	728

Ansprüche auf Pflegesachleistungen für häusliche Pflege

Pflegesachleistungen sind Leistungen, die von professionellen Pflegekräften erbracht werden, deren Zulassung die Pflegekassen verantworten. Für ausländische Pflegedienste sowie Einzelpersonen ist das nicht möglich. (Bestimmungen des Pflegeversicherungsgesetzes (PflegeVG = Sozialgesetzbuch XI)

Stufe der Pflegebedürftigkeit	Leistungen ab 2015 pro Monat (Angaben in Euro) bis zu
Pflegestufe 0 (mit Demenz*)	231
Pflegestufe I	468
Pflegestufe I (mit Demenz*)	689
Pflegestufe II	1144
Pflegestufe II (mit Demenz*)	1298
Pflegestufe III	1612
Pflegestufe III (mit Demenz*)	1612
Härtefall	1995
Härtefall (mit Demenz*)	1995

Pflegehilfsmittel

Hilfsmittel und technische Hilfen gehören im Rahmen der Pflegeversicherung zur häuslichen Pflege.

Dazu zählen: Saugende Bettschutzeinlagen zum einmaligen Gebrauch in verschiedenen Größen, Inkontinenzmaterial, Schutzbekleidung: Fingerlinge, Einmalhandschuhe, Mundschutz, Schutzschürzen sowie Hände- und Flächendesinfektionsmittel.

Stufe der Pflegebedürftigkeit	Leistungen ab 2015 pro Monat (Angaben in Euro) bis zu
Pflegestufe 0 (mit Demenz*)	40
Pflegestufe I, II oder III	40

Wer Zeit sparen will, kann den Service der Firma Commmit-Med in Anspruch nehmen. Sie stellen eine PflegeBox mit Einmalhandschuhen, Desinfektionslösung oder Bettschutzauflagen zur Verfügung. Je nach individuellem Bedarf erhält der Kunde jeden Monat eine Box nach Hause. Abgerechnet wird direkt mit der Pflegekasse, und für Sie entstehen keine Kosten.

Der Antrag auf Kostenübernahme kann unter www.pflegebox.de direkt auf deren Website gestellt werden.

Eine pfiffige Idee, die laut Hersteller zu nichts verpflichtet, und der Angehörige hat eine Sache weniger, um die er sich kümmern muss.

Wenn Urlaub nötig ist – Verhinderungspflege

Besser ist, Sie nehmen den Urlaub schon vorher in Anspruch und nicht erst, wenn er dringend nötig ist. Auch Pflegende, oder sagen wir besser GERADE Pflegende brauchen ihren Urlaub mehr als alle anderen. Deshalb sollten Sie nicht darauf verzichten.

Was bedeutet *Verhinderungspflege*?

Verhinderungspflege bedeutet, dass Sie für einen bestimmten Zeitraum nicht selbst pflegen können, sondern von einer anderen Person oder auch von einem professionellen Pflegedienst vertreten werden. Anspruch auf diese Leistung hat jeder, der im häuslichen Umfeld bereits ein halbes Jahr gepflegt hat. Die Verhinderungspflege kann von einem professionellen Anbieter geleistet werden, aber auch Angehörige oder Bekannte können sie übernehmen.

Verhinderungspflege durch Verwandte
Sollten Verwandte bis zum zweiten Grad (z. B. Kinder, Enkel, Geschwister, Neffen oder Nichten) die Pflege übernehmen, erstattet die Kasse einen Betrag bis zur Höhe des monatlichen Pflegegeldes.

Sind den Angehörigen oder Haushaltsmitgliedern allerdings nachweislich höhere Kosten entstanden, zum Beispiel durch einen Verdienstausfall, erstattet die Krankenkasse diese bis zu 1612 Euro pro Kalenderjahr. Dazu müssen die Nachweise im Original bei der Krankenkasse eingereicht werden. Dies gilt übrigens für alle vier Pflegestufen.

Verhinderungspflege durch „außer Haus"
Möglich ist eine Verhinderungspflege auch außer Haus wie z. B. in einem Pflegeheim oder einer Reha-Einrichtung. Allerdings müssen hier Unterkunft und Verpflegung selbst übernommen werden. Auch hier gilt der Höchstbetrag von 1612 Euro pro Kalenderjahr.

Stundenweise Entlastung finanzieren mit der Verhinderungspflege
Finanzieren Sie mit dem Geld der Verhinderungspflege eine stundenweise Entlastung durch ehrenamtliche Helfer oder durch einen professionellen Pflegedienst.

Geht es um Betreuung für einige Stunden, dann erkundigen Sie sich bei den Wohlfahrtsverbänden, Nachbarschaftshilfen oder Kirchengemeinden in Ihrer Nähe. Diese halten sogenannte niedrigschwellige Betreuungsangebote bereit, die einen relativ geringen Stundenlohn ansetzen (zwischen 12 und 18 Euro).

Eine andere Möglichkeit besteht darin, einen professionellen Pflegedienst für die stundenweise Betreuung zu beauftragen. Hier liegen die Stundenlöhne etwas höher (zwischen 25 und 40 Euro).

Beide Male müssen Sie jedoch einen Antrag auf Verhinderungspflege bei der Krankenkasse einreichen. (Antrag auf Leistungen gemäß § 39 SGB XI stundenweise Verhinderungspflege.) Die meisten Krankenkassen stellen eine entsprechende Vorlage auf der jeweiligen Webseite zur Verfügung.

Wie auch immer Sie die Gelder der Verhinderungspflege nutzen wollen. Der jährliche Betrag in Höhe von 1612. Euro ist eine Möglichkeit der finanziellen Entlastung, die Sie nutzen sollten.

Pflege bei Verhinderung einer Pflegeperson durch Personen, die keine Angehörigen sind	
Stufe der Pflegebedürftigkeit	Leistungen ab 2015 pro Kalenderjahr bis zu
Pflegestufe 0 (mit Demenz*)	1612 Euro für Kosten einer notwendigen Ersatzpflege bis zu 6 Wochen
Pflegestufe I, II oder III	1612 Euro für Kosten einer notwendigen Ersatzpflege bis zu 6 Wochen

Außerdem kann bis zu 50 Prozent des Leistungsbetrags für Kurzzeitpflege (das sind bis zu 806 Euro) künftig zusätzlich für Verhinderungspflege ausgegeben werden. Verhinderungspflege kann dadurch auf max. 150 Prozent des bisherigen Betrages ausgeweitet werden. Der für die Verhinderungspflege in Anspruch genommene Erhöhungsbetrag wird auf den Leistungsbetrag für eine Kurzzeitpflege angerechnet.

Kurzzeitpflege – eine weitere Möglichkeit zur Entlastung

Ist aus einem bestimmten Grund die Pflege zuhause nicht möglich, z. B. durch Krankheit, Urlaub oder auch Überlastung, kann man bis zu vier Wochen im Jahr die Finanzierung zur Kurzzeitpflege erhalten. Die Pflegekasse zahlt den Leistungsbetrag unmittelbar an den Leistungsträger der Einrichtung. Zur Verfügung stehen dafür 1612 Euro.

Auch hier gilt: Unterkunft und Verpflegung müssen von den Pflegebedürftigen selbst bezahlt werden.

Kurzzeitpflege	
Stufe der Pflegebedürftigkeit	**Leistungen ab 2015 pro Kalenderjahr** bis zu
Pflegestufe 0 (mit Demenz*)	1612 Euro für Kosten einer notwendigen Ersatzpflege bis zu 4 Wochen
Pflegestufe I, II oder III	1612 Euro für Kosten einer notwendigen Ersatzpflege bis zu 4 Wochen

Seit dem 1. Januar 2015 wird gesetzlich klargestellt, dass der im Kalenderjahr bestehende, noch nicht verbrauchte Leistungsbetrag für Verhinderungspflege auch für Leistungen der Kurzzeitpflege eingesetzt werden kann. Dadurch kann der Leistungsbetrag der Kurzzeitpflege maximal verdoppelt werden; parallel kann auch die Zeit für die Inanspruchnahme von vier auf bis zu acht Wochen ausgeweitet werden. Der für die Kurzzeitpflege in Anspruch genommene Erhöhungsbetrag wird auf den Leistungsbetrag für eine Verhinderungspflege angerechnet.

Entlastung im Alltag durch eine Tagespflege oder Nachtpflege

Mithilfe einer Tagespflege, die meist einer stationären Pflege angeschlossen ist, kann die pflegerische Betreuung über den Tag beansprucht werden. Das gleiche Angebot gibt es übrigens auch für die Nacht (Nachtpflege).

Übernommen werden die Pflegekosten sowie die Hol- und Bringkosten. Verpflegung müssen von dem Pflegebedürftigen selbst getragen werden.

Dazu stehen monatlich je nach Pflegestufe von 231 Euro bis zu 1612 Euro zur Verfügung.

Tagespflege oder Nachtpflege kann mit der Sachpflege und dem Pflegegeld verrechnet werden. Eine ziemlich komplizierte Berechnung. Auf folgender Seite können Sie sich die Zuschüsse online errechnen lassen: http://www.n-heydorn.de/pflegegeld.html

Teilstationäre Leistungen der Tages-/Nachtpflege	
Stufe der Pflegebedürftigkeit	**Leistungen ab 2015 pro Monat** (Angaben in Euro) bis zu
Pflegestufe 0 (mit Demenz*)	231
Pflegestufe I	468
Pflegestufe I (mit Demenz*)	689
Pflegestufe II	1144
Pflegestufe II (mit Demenz*)	1298
Pflegestufe III	1612
Pflegestufe III (mit Demenz*)	1612

Wohnumfeldverbessernde Maßnahmen

Sollten Umbaumaßnahmen für eine Pflege zuhause notwendig sein, können Sie Gelder aus dem Programm für wohnumfeldverbessernde Maßnahmen beanspruchen. *Immer vorausgesetzt, es liegt eine Pflegestufe vor.*

Zuschüsse zu Maßnahmen der Wohnumfeldverbesserung sollten *vor* Beginn der Maßnahme mit einem Kostenvoranschlag bei der Pflegekasse beantragt werden.

Der MDK hat in seinem Gutachten zur Feststellung der Pflegebedürftigkeit Empfehlungen über die notwendige Versorgung mit technischen Pflegehilfsmitteln und baulichen Maßnahmen zur Anpassung des Wohnumfeldes anzusprechen. Diese Empfehlungen gelten als Antrag. Dies gilt auch, wenn im Rahmen der Beratungseinsätze nach § 37 Abs. 3 SGB XI wohnumfeldverbessernde Maßnahmen angeregt werden.

Was wird bezuschusst?

Hauptsächlich Maßnahmen, die mit wesentlichen Eingriffen in die Bausubstanz verbunden sind (z. B. Türverbreiterung, festinstallierte Rampen und Treppenlifter, Herstellung von hygienischen Einrichtungen, Erstellung von Wasseranschlüssen, individuelle Liftsysteme im Bad, nicht jedoch serienmäßig hergestellte Lifter, die lediglich mit Liftern verankert werden).

Bezuschusst wird auch Ein- und Umbau von Mobiliar, das entsprechend den Erfordernissen der Pflegesituation individuell hergestellt oder umgestaltet wird (z. B. motorisch betriebene Absenkung von Küchenschränken, Austausch der Badewanne durch eine Dusche).

Der Pflegebedürftige trägt 10 Prozent der Kosten der Maßnahme, jedoch höchstens 50 Prozent seiner monatlichen Bruttoeinnahmen zum Lebensunterhalt.

Stufe der Pflegebedürftigkeit	Leistungen ab 2015 pro Maßnahme bis zu
Pflegestufe 0 (mit Demenz*)	4000 Euro (bis 16 000 Euro, wenn mehrere Anspruchsberechtigte zusammenwohnen)
Pflegestufe I, II oder III	4000 Euro (bis 16 000 Euro, wenn mehrere Anspruchsberechtigte zusammenwohnen)

Blindengeld

Viele alte Menschen leiden an einer Augenkrankheit, die zur Erblindung führt. Beispielsweise kann die typische altersbedingte Augenerkrankung „Mokuladegeneration" in manchen Fällen die Sehstärke so stark mindern, dass der Betroffene Anspruch auf Blindengeld hat. Als blind gelten Personen, deren besseres Auge eine Sehschärfe von nicht mehr als zwei Prozent oder eine gleichwertige Einschränkung aufweist.

Die Höhe des Blindengeldes ist unabhängig von Einkommen und Vermögen. Allerdings wird es gekürzt, wenn ein Antragsteller bereits Pflegegeld bezieht.

Um einen Anspruch auf Blindengeld geltend zu machen, muss ein Antrag meist bei der Gemeinde oder Kreisverwaltung abgegeben werden.

Die Höhe ist von Bundesland zu Bundesland verschieden

Die Höhe des Blindengeldes ist in den einzelnen Bundesländern unterschiedlich, da es eine Leistung der Länder ist. Während in NRW blinde Erwachsene unter 60 Jahren ein Blindengeld in Höhe von monatlich 640,51 Euro, Kinder und Jugendliche in Höhe von 320,81 Euro erhalten, sind es in Bayern einheitlich 544 Euro für alle blinde Personen.

In NRW erhalten blinde Menschen, die das 60. Lebensjahr vollendet haben, nur noch 473 Euro im Monat.

Sehr gute Informationen dazu finden Sie auf der Internetseite unter: www.einfach-teilhaben.de unter finanzielle Leistungen/Blindengeld.

Behindertenstatus

Wenn ein Mensch einen Behinderungsgrad über 50 hat, kann ein Schwerbehindertenausweis beim zuständigen Versorgungsamt (Landratsamt) beantragt werden.

Eine Behinderung ist im Neunten Sozialgesetzbuch (SGB IX) folgendermaßen definiert:
"Menschen sind behindert, wenn ihre körperliche Funktion, geistige Fähigkeit oder seelische Gesundheit mit hoher Wahrscheinlichkeit länger als sechs Monate von dem für das Lebensalter typischen Zustand abweichen und daher ihre Teilhabe am Leben in der Gesellschaft beeinträchtigt ist. Sie sind von Behinderung bedroht, wenn die Beeinträchtigung zu erwarten ist."
Der Grad der Behinderung (GdB) und der Grad der Schädigungsfolgen (GdS) sind also ein Maß für die körperlichen, geistigen, seelischen und sozialen Auswirkungen einer Funktionsbeeinträchtigung aufgrund eines Gesundheitsschadens.

Dazu gehören beispielsweise Gehbehinderung, Erblindung, Gehörlosigkeit, aber auch psychische Erkrankungen.

Welche Vorteile hat der Ausweis?
Wer einen Schwerbehindertenausweis besitzt, hat Anspruch auf Nachteilsausgleich und kann das steuerlich geltend machen.

Zudem gibt es erhebliche Vergünstigungen bei Fahrten mit den öffentlichen Verkehrsmitteln.

Außerdem stehen Menschen, die einen bestimmten Grad einer Behinderung aufweisen, auch behindertengerechte Wohnräume zu. Auch der Umbau der Wohnung kann mit einem Behindertenausweis beantragt werden, damit der behinderte Mensch in seinen eigenen vier Räumen zurechtkommt.

Bei dem jeweiligen Versorgungsamt gibt es einen entsprechend Antrag, den Sie ausfüllen müssen.

Unterstützung dazu geben unter anderem der Sozialverband VdK Deutschland e. V. oder der Sozialverband *SoVD* Deutschland e.V.

Zusätzliche Betreuungs- und Entlastungsleistungen

Die zusätzlichen Betreuungs- und Entlastungsleistungen werden ausgebaut und auf alle Pflegebedürftigen ausgedehnt. Es wird, je nach Betreuungsbedarf, ein Grundbetrag oder ein erhöhter Betrag gewährt.

Seit dem 1. Januar 2015 werden zusätzliche Betreuungsleistungen um die Möglichkeit ergänzt, niedrigschwellige Entlastungsleistungen in Anspruch zu nehmen.

Wer seinen Anspruch auf ambulante Pflegesachleistungen nicht voll ausschöpft, kann zudem seit dem 1. Januar 2015 den nicht für den Bezug von ambulanten Sachleistungen genutzten Betrag – maximal aber 40 Prozent des hierfür vorgesehenen Leistungsbetrages – für niedrigschwellige Betreuungs- und Entlastungsangebote verwenden

Bei Pflegestufe II stünden dem Betroffenen Sachleistungen in Höhe von 1145 Euro im Monat zu. Werden die Leistungen nicht in Anspruch genommen, können bis zu 458 Euro für Entlastungsangebote verwendet werden.

Was sind Niedrigschwellige Betreuungsangebote?

Sie ermöglichen eine kostengünstige, stundenweise Entlastung pflegender Angehöriger, damit diese beispielsweise zum Arzt gehen können oder ein paar Stunden für sich haben.

Während dieser kurzen Abwesenheit übernehmen geschulte Ehrenamtliche die erforderliche Betreuung der Menschen mit Demenz, unterstützt von einer Fachkraft. Dies geschieht in der Gruppe oder zuhause bei den Familien.

Stufe der Pflegebedürftigkeit	Leistungen ab 2015 pro Monat (Angaben in Euro) bis zu
Pflegestufe I, II oder III (ohne erheblich eingeschränkter Alltagskompetenz)	104
Pflegestufe 0, I, II oder III (mit dauerhaft erheblich eingeschränkter Alltagskompetenz, die zur Inanspruchnahme des Grundbetrages berechtigt)	104
Pflegestufe 0, I, II oder III (mit dauerhaft erheblich eingeschränkter Alltagskompetenz, die zur Inanspruchnahme des erhöhten Betrages berechtigt)	208

Umkehrhypothek

Die Umkehrhypothek stellt eine Möglichkeit dar, im Alter vom Hauseigentum zu profitieren. Dazu verkaufen Sie Ihr Haus oder beleihen es, aber in beiden Fällen sichern Sie sich ein lebenslanges Wohnrecht. Obendrein erhalten Sie noch eine Zusatzrente. Erst mit dem Tod geht das Haus in den Besitz des Eigentümers über.

Grundsätzlich kommt die Hypothek für Menschen in Frage, die bereits Rentner sind oder kurz vor Renteneintritt stehen und zudem eine weitgehend schuldenfreie Immobilie besitzen. Sie wollen in dieser Immobilie wohnen bleiben und gerne mehr Liquidität haben, ohne einen finanziellen Engpass überbrücken zu müssen.

Allerdings gilt zu beachten, dass die Banken oder Versicherungen sich diese Dienstleistung teuer bezahlen lassen. Auf der Website der Verbraucherzentrale Nordrhein-Westfalen findet man dazu ein Rechenbeispiel:

„Angenommen, Sie haben eine Immobilie, die heute 200 000 Euro wert ist. Der Anbieter nimmt einen Risikoabschlag von 25 Prozent vor. Somit steht eine Darlehenshöhe von 150 000 Euro zur Verfügung. Sie bekommen aber nicht 150 000 Euro ausbezahlt, sondern das Darlehen am Laufzeitende darf nicht mehr als 150 000 Euro betragen. Wenn die Laufzeit des Darlehens 19 Jahre beträgt, steht bei einem Zinssatz von 6 Prozent eine Summe von knapp 50 000 Euro als Einmalauszahlung oder etwa 340 Euro an monatlicher Rente zur Verfügung."

Trotzdem meine ich, könnte es für den ein oder anderen älteren Menschen, der zudem keine Erben hat und gerne in seinem Haus oder in der Eigentumswohnung bleiben will, eine mögliche Alternative zur Erhöhung der monatlichen Rente sein.

9. INDIVIDUELLE LÖSUNGEN – WAS PASST FÜR WEN?

Konkrete Planung hilft vor unerwünschten schwierigen Pflegesituationen. Pflege zuhause muss nicht immer die beste Lösung sein.

In den vorangegangen Kapiteln habe ich die verschiedenen Modelle und Finanzierungsmöglichkeiten vorgestellt. Nun fragen Sie sich vielleicht, welche Lösung davon für Sie und Ihre Familie passen könnte.

Dazu möchte ich Ihnen ein paar Beispiele nennen. Vielleicht finden Sie sich in der einen oder anderen Person wieder. Ganz sicher ist jedoch: Es gibt nicht die eine und einzige Lösung. Wir Menschen sind so unterschiedlich in unseren Vorlieben und in unserem Beziehungsgeflecht, dass die Lösung, die möglicherweise bei einem Verwandten bzw. Bekannten ganz gut passt, in Ihrer Situation noch lange nicht funktioniert.

Sie haben richtig gelesen: in Ihrer Situation. Vielleicht denken Sie jetzt: „Die spinnt ja! Es geht doch nicht um mich!" Doch, ich denke, es geht auch um Sie. Was ist ein Pflegebedürftiger ohne seine Angehörigen? Erst seit einiger Zeit formt sich das Bewusstsein in der Öffentlichkeit, dass zu einem pflegebedürftigen Menschen oft auch ein nicht minder zu beachtender Angehöriger gehört. Deswegen habe ich in diesem Buch den Fokus auf Sie als pflegende Angehörige gerichtet. Sie sollten bei einer eintretenden Pflegesituation, oder besser auch schon vorher, Ihren Typ und Ihre Möglichkeiten analysieren.

In welcher Beziehung stehen Sie zu dem Pflegebedürftigen? Umso intensiver die Pflegebeziehung, desto wichtiger ist eine starke emotionale Bindung. Wenn Sie sich über Ihre

Beziehung zu dem Pflegebedürftigen im Klaren sind, können Sie auch darüber nachdenken, wie Sie die Wünsche des Pflegebedürftigen und Ihre Möglichkeiten zusammenbringen können.

Gastfamilien für Senioren
Ein relativ neues Projekt, das im Jahr 2007 seinen Anfang fand. Eine Familie, die über einen entsprechenden Wohnraum verfügt, nimmt einen oder zwei pflegebedürftige Senioren in ihrem Haus auf. Die Betreuung der Gastfamilie sowie die Vermittlung und Auswahl wird von Wohlfahrtsverbänden oder Vereinen organisiert. Derzeit gibt es allerdings nur wenige Anbieter in Deutschland (siehe Liste). Ein noch nicht weit verbreitetes Modell für pflegebedürftige alte Menschen. Aber auf alle Fälle ein Angebot, bei dem es sich lohnt, genauer hinzusehen.

Geeignet ist diese Form der Betreuung für alle Senioren, die Familienanschluss suchen und nicht in ein Heim gehen wollen.

Auch finanziell könnte es eine echte Alternative darstellen. Da aber die Preise je nach Region schwanken, will ich hier keine allgemein gültige Aussage machen. Nach Auskunft einzelner Anbieter geht es bei monatlichen Kosten von rund 1400 Euro los.

In einem Modellprojekt, welches vom Bayerischen Staatsministerium für Arbeit und Sozialordnung Familie und Frauen sowie der Arbeitsgemeinschaft der Pflegekassenverbände in Bayern im Zeitraum vom 1. Januar 2007 bis zum 31. Dezember 2009 gefördert wurde, ist zu lesen, welche Faktoren ungeeignet für eine erfolgreiche Betreuung in einer Familie sind. In diesem Projekt ging es um ein betreutes Wohnen in Familien für Menschen mit psychischer Erkrankung im Alter. Als Zielgruppe wurden Senioren mit Demenz oder Altersdepression genannt.

Als ungeeignet wurden Senioren eingestuft die in der Nacht umherirren oder weglaufen. Ebenfalls ungeeignet sind Menschen mit starken Aggressionen oder Selbstmordgefährdung.

Bei den Gastfamilien ist Voraussetzung, dass mindestens einen halben Tag jemand zuhause ist. Selbstverständlich muss ausreichend Wohnraum vorhanden sein, und das soziale Umfeld sollte intakt sein.

Moralische Bedenken der Kinder

Für pflegende Angehörige, insbesondere für die Töchter der Pflegebedürftigen, ein Modell, bei dem es noch „moralische Bauchschmerzen" gibt. „Wie sieht das denn aus, wenn ich meine Mutter oder meinen Vater zu einer fremden Familie gebe?", ist da zu hören. Schnell ist die Sorge groß, dass man als „Rabentochter" in die Dorfgeschichte eingeht.

Dabei ist es meist für alle Beteiligten ein Gewinn. Der Pflegebedürftige freut sich über den Familienanschluss und den Trubel im Haus.

Die Kinder des Pflegebedürftigen, die oftmals keine Zeit und eventuell auch nicht die persönliche Nähe haben, schätzen die persönliche Betreuung, die der Pflegebedürftige dort erfährt. Die Pflegefamilien können sich zusätzlich ein kleines Einkommen sichern.

Es wäre durchaus wünschenswert, dass diese Form der Pflegeübernahme weiter ausgebaut wird. Dabei ist es nicht so, dass die Pflegebedürftigen und deren Angehörigen auf sich allein gestellt sind. Dienstleister wie beispielsweise die gemeinnützige GmbH „Herbstzeit" suchen passende Familien aus und schulen die Betreuer in den Familien entsprechend. Fachkräfte unterstützen die Pflegefamilie in der Pflege und stehen mit Rat und Tat zur Seite.

> *Wo findet man eine Pflegefamilie?*
> Betreutes Wohnen in Familien gibt es in Chemnitz (VIP Chemnitz e.V.), Rendsburg (Pflege LebensNah gGmbH Rendsburg), Bielefeld (AWO), Burscheid-Hilgen (Die Kette e.V.), Dortmund (LWL Wohnverbund), Lippstadt und Marsberg (LWL-Wohnverbund), Biberach (Freundeskreis Schussenried e.V.), Landkreise Ortenau und Emmendingen (Herbstzeit GmbH), Ravensburg (Arkade e.V.), Kaufbeuren (Bezirkskliniken Schwaben – Wohnen und Fördern), Oberkotzau (ASD e.V. – Pflege zu Hause „Die Insel"), „ALTERnativ" Netzwerker e.V. in Rottweil, „BÄNKLE" Verein zur Förderung einer sozialen Psychiatrie e.V. (VSP) in Tübingen.
> Website mit den einzelnen Adressen und Ansprechpartnern sowie weitere Informationen dazu: http://bwf-info.de

Fazit: Wer die Geselligkeit bevorzugt und sich in einer Familie wohlfühlt, für den ist ein Pflegeplatz in einer Gastfamilie eine interessante Alternative. In den Gastfamilien kommt es oft vor, dass die Frauen aus Pflegeberufen kommen, wie beispielsweise ehemalige Krankenschwestern oder Altenpflegerinnen. Aber, wie bereits erwähnt: Die Gastgeber werden auch fachlich auf die Aufgabe vorbereitet und fortlaufend betreut. Ob die „Chemie stimmt", lässt sich im Vorfeld kaum feststellen, deswegen bieten die meisten Dienstleister ein sogenanntes Probewohnen an, das der „neue Bewohner" unbedingt in Anspruch nehmen sollte, bevor er sich festlegt.

Der Vorteil für die Angehörigen: das Gefühl, zu wissen, mein Vater oder meine Mutter ist in eine Familie eingebunden und hat immer die gleichen Ansprechpartner. Der Nachteil: Bei einer fortschreitenden Demenz könnte es sein, dass auch hier ein Wechsel in eine gerontopsychiatrische Fachabteilung nötig sein wird. Ein zweites Mal muss sich der Pflegebedürftige dann an eine neue Umgebung gewöhnen.

Wohngemeinschaften für Menschen mit Demenz
Meist wohnen hier sechs bis maximal zwölf Personen gemeinsam in einer Wohnung. Sie teilen sich eine Küche und ein Wohnzimmer. Jeder Bewohner hat sein eigenes Zimmer.

Wer noch kann, geht einkaufen, hilft beim Kochen oder im Haushalt. Das Konzept ist, so lange wie möglich selbstbestimmt zu leben und Hilfe zu erhalten, so viel wie nötig. Pflegekräfte sind den ganzen Tag präsent und kümmern sich um die Bewohner.

Eine Demenz-WG ist eine echte Alternative zu einem Heimplatz. Vor allem dann, wenn Sie als Angehöriger sich zeitweise mit in die Gemeinschaft einbringen wollen. Bei manchen Wohngemeinschaften ist das ausdrücklich erwünscht.

Das Wesen einer Wohngemeinschaft liegt vor allem darin, dass Bewohner und Angehörige bei vielen Dingen mit entscheiden dürfen. Das Gleiche gilt für gemeinsame Ausgaben, die für die Wohngemeinschaft getätigt werden. In den einschlägigen Foren kann man allerdings auch lesen, wie viele Probleme das mitunter bereiten kann. Da geht es um Abrechnungen oder Vereinbarungen, von denen vorher nichts bekannt war. Da die organisatorischen Dinge meist von den Angehörigen bzw. gesetzlichen Vertretern und Bewohnern entschieden werden, spielt die Kommunikation untereinander eine große Rolle. Wie Sie sich schon denken können, ist das sehr von den Personen abhängig und funktioniert nicht immer reibungslos. Deswegen gilt auch hier: Genau hinsehen, ob auch Sie als Angehöriger in diese Runde passen.

Kostenaufteilung
Meist liegt den laufenden Kosten ein Mietvertrag zugrunde, zuzüglich Betriebskosten, Heizkosten und Strom. Parallel

dazu wird ein Pflegevertrag mit dem Pflegedienst abgeschlossen, der oftmals auch Betreiber solch einer Wohngemeinschaft ist. Die Fachkräfte vom Pflegedienst sind 24 Stunden anwesend. Eine feste Struktur des Tages soll den Demenzkranken helfen, sich besser zu orientieren.

Die Pflegekasse übernimmt die Kosten der Pflege je nach Pflegestufe. Alle anderen anfallenden Kosten müssen von den Bewohnern selbst getragen werden.

Übrigens: Seit dem 1. Januar 2015 gibt es einen Wohngruppenzuschlag von 205 Euro, wenn Demenzkranke in eine Pflege-Wohngemeinschaft ziehen, sowie 2500 Euro einmalig, wenn sie in Pflegestufe 0 sind.

Laut dem *Kuratorium Deutsche Altershilfe* gibt es deutschlandweit rund 1400 Wohngemeinschaften.

Demenz-WG oder Wohngruppe im Heim?

Nachdem die neueren und innovativeren Pflegeheime immer öfter mit einem Wohngruppenkonzept (siehe Pflegeheim) arbeiten, unterscheidet sich eine Demenz-WG kaum mehr davon.

10. DIE LAST MIT DER AUFOPFERUNG

Meist sind es die Schwestern bzw. die Töchter, die sich aufopferungsvoll in die Pflege der Eltern begeben. Leben sie nah am Elternhaus, ist es auch vorhersehbar, dass sie sich zunächst kümmern. Dennoch kenne ich auch einige Söhne, die eben aus diesem Grund die Verantwortung für die Versorgung von Vater oder Mutter übernehmen. In diesem Kapitel geht es nicht um Töchter oder Söhne, sondern darum, dass auch diejenigen leiden, die beispielsweise aus Gründen der Entfernung die Pflege nicht übernehmen können.

Es gibt immer zwei Seiten im Leben. Um diejenigen, die die Pflege der Eltern übernehmen, sich kümmern und sich oft alleine fühlen, ging es in all den anderen Kapiteln. Nun will ich aber auch einmal die Seite der Söhne und Töchter darstellen, die weit weg wohnen und sich emotional erpresst fühlen. Auch sie leiden und dürfen allerdings oft nicht mit dem Mitgefühl der anderen rechnen. Denn sie haben ja das vermeintliche Glück, weit weg zu sein.

Die Brüder Bernd und Klaus

Bernd ist der älteste Sohn und wohnt im selben Ort wie seine Eltern. Sein Bruder Klaus hingegen hat gleich nach seinem Studium die Koffer gepackt und ist in die 300 Kilometer entfernte Großstadt gezogen. Das Verhältnis der Brüder zueinander ist durchschnittlich gut. Sie sehen sich regelmäßig bei einschlägigen Familienfeiern, aber ansonsten haben sie keine großen Gemeinsamkeiten.

Bernd hatte durch die Nähe zu den Eltern einen engeren Kontakt als Klaus. Als der Vater dann zunehmend auf Hilfe angewiesen war und die Mutter den Anforderungen alleine nicht mehr gerecht wurde, erhielten sie sofort Unterstützung von Bernd und seiner Frau.

Klaus hingegen lebte sein Leben in der Stadt wie gewohnt weiter. Obwohl er über den Zustand der Eltern informiert war, sah er für sich keine besondere Möglichkeit der Unterstützung. Bei einem der monatlichen Besuche platzte dem Bruder Bernd dann der Kragen: „Du schneist hier alle vier Wochen zur Tür herein und kommst gar nicht auf die Idee, mal zu fragen, ob wir Hilfe brauchen!", schnauzte er den Bruder an. „Sind es nur meine Eltern oder auch deine?"

Klaus fiel aus allen Wolken. Was sollte er denn tun? Bei dieser Distanz konnte er doch nicht jede Woche zu den Eltern fahren. „Können die Eltern denn nicht in ein Heim?", dachte er sich.

„Was stellst du dir denn vor, was ich tun soll?", fragte er seinen aufgebrachten Bruder.

„Wie wäre es denn mal mit ein paar Telefonaten? Fragen, wie es läuft und ob du etwas abnehmen kannst? Ich hätte auch nichts dagegen, wenn du deinen Urlaub mal hierher verlegen würdest!"

„Meinen Urlaub?", fragt Klaus verdutzt. Niemals, dachte er, verzichte ich auf meinen vierwöchigen Entspannungsurlaub im Winter. Er sah gar nicht ein, dass er plötzlich sein ganzes Leben umstellen sollte. Jede Woche arbeitete er bis zu 50 Stunden in seinem Job als Anwalt. Er konnte nicht einfach aus seinem Leben springen.

Andererseits hatte er Verständnis für seinen Bruder, der ganz offensichtlich ziemlich viel um die Ohren hatte.

„Wieso suchen wir den Eltern nicht ein schönes Pflegeheim", schlug er vor. Der Bruder reagierte wütend. „Ist ja klar. Du hast gleich eine Lösung parat. Bloß nichts vom eigenen Leben aufgeben. Da können die Eltern ruhig mal ins Heim gehen. Das konnte ich mir ja denken, dass du keine große Hilfe sein wirst!" Damit war das Gespräch für dieses Wochenende beendet.

Zwei Wochen später erhielt Klaus einen Anruf von Bernd. „Du, die Mutter ist gestürzt und liegt im Krankenhaus. Es wäre ganz gut, wenn du dieses Wochenende mal vorbeikommen würdest."

Es war Mittwoch, und eigentlich hatte Klaus bereits am Wochenende eine Verabredung zum Radfahren. Aber unter diesen Umständen war er bereit, es spontan abzusagen, und fuhr wie vom Bruder gewünscht in das 300 Kilometer entfernt gelegene Krankenhaus. Es war Samstagvormittag, und er brauchte rund fünf Stunden mit dem Auto. Völlig entnervt kam er bei seinem Bruder an. „Ich lach mich kaputt", meinte sein Bruder. „Du bist wegen so ein bisschen Stau schon genervt. Was soll ich denn da sagen? Fast jeden Tag bimmelt mein Telefon, und ich eile zu den Eltern. Ständig ist was los."

Klaus hielt sich zurück und nickte zustimmend. Auf keinen Fall wollte er Streit mit seinem älteren Bruder. Schließlich war er derjenige, der sich mit seiner Frau um die Eltern kümmerte. Da hatte er doch alles Recht der Welt, oder etwa nicht?

Gehorsam fuhr Klaus ins Krankenhaus und fand dort seine putzmuntere Mutter vor, die sich zwar freute, ihn zu sehen, aber nicht in dem Zustand war, wie Bernd es am Telefon beschrieben hatte. „Schön, mein Junge, dass du da bist!", rief sie erfreut. „Aber dass du extra so weit gefahren bist. Das hättest du nicht tun müssen."

So richtig klar war es ihm auch nicht, weshalb er so dringend anreisen musste. Trotz allem ließ er sich nichts anmerken. Er übernachtete bei seinem Vater im Haus und blieb bis Montag früh. Dann fuhr er direkt in die Arbeit.

Als er gegen 10 Uhr morgens dort ankam, fühlte er sich nach dem anstrengenden Wochenende, als ob ein Lastwagen ihn überrollt hätte.

Drei Tage später rief sein Bruder abends an. „Sag mal, du hättest dich schon mal melden können und nach Mutter fragen!", warf er ihm vor. „Du fährst zurück in deine Stadt, und damit ist für dich alles erledigt, oder?"

„Nein, nein. Wie kommst du denn darauf?", versuchte Klaus sich zu rechtfertigen. „Ich hatte nur wahnsinnig viel zu tun und hab gedacht, du würdest dich schon melden, wenn etwas Besonderes wäre."

„Etwas Besonderes", äffte sein Bruder ihn nach. „Ist ja nix Besonderes, wenn unsere Eltern krank und hilfsbedürftig sind. Da kannst du ja mal ganz unbesorgt dein Leben weiterleben!"

Wumms! Das saß. Klaus fühlte sich zwar schlecht, wusste aber nicht, wo genau das Problem lag.

Sie steckten beide in ihrer Sicht der Dinge fest. Klaus, der schon seit Jahren für sich lebte und weniger Kontakt zu den Eltern hatte als Bernd, verstand den Vorwurf seines Bruders überhaupt nicht.

Bernd unterstellt Klaus Desinteresse

Bernd wiederum, der seinen Eltern nicht nur örtlich näher war, sondern auch emotional, begriff nicht, wie Klaus so uninteressiert sein konnte. Täglich erlebte er hautnah den Zerfall und die Sorgen seiner Eltern. Sein eigenes Leben veränderte sich mit der Pflegebedürftigkeit der Eltern, während der Bruder völlig losgelöst von Verantwortung und Pflichten weit weg wohnte. Da war es doch nur verständlich, wenn er von Klaus mehr Engagement einforderte. Ist es tatsächlich von Klaus zu viel verlangt, dass er öfters anruft und sich nach dem Befinden der Eltern erkundigt? Könnte er nicht jedes Wochenende heimfahren und ihn unterstützen?

Für Klaus hingegen wurde die Situation mit seinem Bruder immer schwieriger. Er fühlte sich von Bernd emotional erpresst. Ständig musste er sich anhören, was Bernd und seine Frau alles für die Eltern machten und wie wenig Zeit sie nur noch für sich selbst hätten. Als ob er dafür verantwortlich wäre!

Immer öfter rief Bernd bei Klaus an und setzte ihn unter Druck, nach Hause zu kommen. Mal ging es dem Vater schlecht, mal der Mutter. Nicht immer konnte Klaus dem Wunsch nachkommen, er musste sich stets rechtfertigen, wenn er es mal nicht schaffte, am Wochenende zu kommen. Nach einem Jahr war er mit den Nerven am Ende. Sein Privatleben litt sehr unter der Situation. Was aber viel schlimmer war: Das schlechte Gewissen, das ihm sein Bruder bei jeder Gelegenheit einredete, machte ihm gesundheitlich zu schaffen. Er fühlte sich für die Last, die der Bruder zu tragen hatte, verantwortlich, weil er selbst nicht genügend einbringen konnte.

Bis er eines Tages rebelliert und seinen Bruder zur Rede stellt. Es fallen Begriffe wie Ignoranz, Sterbealarm und Egoismus. Am Ende sind die beiden Brüder ziemlich zerstritten, und es wird einige Zeit dauern, bis sie wieder normal miteinander sprechen können.

Doch was ist schiefgelaufen?

Vielleicht sagen Sie jetzt: Ja klar! Das geht ja gar nicht, dass nur einer die ganze Arbeit macht!

Na ja! Das stimmt nur dann, wenn beide gemeinsam eine Entscheidung gefällt hätten. Das war aber hier nicht der Fall. Sehr oft übernimmt ein Kind die Pflegeverantwortung sowie auch die Entscheidung über das Wie und Wo. Meist sind es diejenigen, die in der Nähe wohnen. Eher selten wird vorab darüber gesprochen.

Auch Klaus hatte wenig Möglichkeit, mitzubestimmen, wie mit den pflegebedürftigen Eltern umgegangen wird. Bernd hatte die Entscheidung allein getroffen und ist einfach davon ausgegangen, dass beide Söhne die Konsequenzen daraus gemeinsam tragen. Auch falsch.

Denn Klaus lebt weit entfernt von den Eltern und hat sein Leben völlig unabhängig aufgebaut. Er hat seine emotionale Bindung zu den Eltern längst gelockert, während Bernd den beiden viel näher steht. Somit ist es auch erklärbar, weshalb er sich in einem höheren Maße verantwortlich fühlt.

Unterschiedliche Erwartungshaltung

Was der eine zu viel macht, tut der andere zu wenig. Zumindest sehen das viele pflegende Angehörige so.

„Meine Schwester fährt jeden Tag bei den Eltern vorbei und sieht nach dem Rechten. Ich finde das extrem nervig, weil ich nur einmal die Woche hinkomme. Das reicht völlig aus! Sie aber setzt mich dauernd unter Druck und meint, sie müsse so oft fahren, weil ich nicht bereit dazu bin!"

Ein typischer Konflikt zwischen den Angehörigen. Wo ist die Mitte, und wer legt sie fest? Während die eine Schwester der Meinung ist, dass ein Kontrollbesuch jeden Tag unabdingbar ist, sieht die andere das völlig entspannt. Zwei unterschiedliche Menschen mit sehr unterschiedlichen Ansprüchen. Die eine wird als kontrollsüchtig eingestuft, und die andere muss unter dem Vorwurf der Gleichgültigkeit leiden.

Aber ist es nicht auch unfair, wenn man seinen eigenen Maßstab als die Norm betrachtet, die man auch wie selbstverständlich den Geschwistern auferlegt? Ihnen Verantwortungslosigkeit unterstellt, weil sie nicht jeden Tag anrufen oder vorbeifahren?

Unterschiedliche emotionale Bindung

Manchmal ist es gerade die gewünschte räumliche Distanz, die Kinder von ihren Eltern gesucht haben, weil sie den Abstand wollen. Die Kindheit hatte Spuren hinterlassen, und sie fühlten sich möglicherweise ungerecht behandelt. Während die ältere Schwester beispielsweise ständig bevorzugt wurde, zuerst bei der Schulbildung, später dann im Studium, fühlte man sich selbst ziemlich benachteiligt. So oder so ähnlich war es wohl in folgendem Fall.

Der Sohn wohnte im 100 Kilometer entfernten Nürnberg. Die Tochter hingegen blieb in der Nähe der Eltern und kümmerte sich bedingungslos um deren Pflege, als die Eltern hinfällig wurden. Ständig beschwerte sie sich, weil ihr Bruder nicht genügend Interesse und Empathie einbrachte. Er war nicht bereit, ständig alles stehen und liegen zu lassen, um sich zwei Stunden ins Auto zu setzen und zur Stelle zu sein.

„Meine Eltern haben sich auch nicht besonders weit aus dem Fenster gelehnt, wenn es um meine Bedürfnisse ging", argumentierte er. „Was erwartet meine Schwester jetzt? Dass ich mein Leben mal kurz unterbreche?"

Die Schwester hingegen hatte wenig Verständnis für diese alten Geschichten. „Meine Güte! Er redet sich raus, mit Dingen, die 35 Jahre zurückliegen. Das ist inakzeptabel! Er trägt genauso Verantwortung wie ich!"

Ist das wirklich so? Tragen wir alle die gleiche Verantwortung? Oder muss das jeder für sich selbst entscheiden? Dürfen der Bruder oder die Schwester festlegen, wie hoch die jeweilige Verantwortung ist? Auch wenn man selbst findet, dass die Eltern nicht immer fair zu einem waren?

Es lässt sich nicht ignorieren, dass jeder Mensch sein eigenes emotionales Verhältnis zu den Eltern hat und somit auch das passende Verantwortungsgefühl entwickelt. Wenn nun der Sohn sich unfair behandelt fühlte, so hat das sein Verhalten gegenüber den Eltern wesentlich geprägt.

Es ist durchaus möglich, dass es Vorkommnisse in der Familiengeschichte gibt, die dafür verantwortlich sind, dass sich der eine oder andere weniger einbringt. So kann es auch zu der Aussage kommen: „Ich bin nicht zuständig für die Pflege der Eltern!" Wäre das dann falsch?

Umgang mit pflegenden Geschwistern

Trotz allen Unterschiedlichkeiten muss jedem Bruder und jeder Schwester von pflegenden Geschwistern klar sein, dass mit größter Umsicht vorgegangen werden muss.

Meist fühlt sich der Pflegende gegenüber den Geschwistern benachteiligt, da die Last ungleich verteilt ist. Je belastender die Situation ist, desto ungerechter erscheint dem Pflegenden die Aufteilung.

Egal, ob nun der Pflegende Geld dafür bekommt oder ein höheres Erbe zu erwarten hat, er braucht Unterstützung. Es gibt nur eine Lösung: REDEN!

Machen Sie Ihrer Schwester oder Ihrem Bruder unmissverständlich klar, dass Sie bereit sind, gemeinsam eine Lösung zu suchen, aber dass Sie nicht in der Lage sind, mit anzupacken.

Im Übrigen bin ich der Meinung, dass Sie trotz Entfernung einen Teil der Verantwortung mittragen und sich nicht abwartend zurücklehnen können, wenn die Schwester/der Bruder (eher selten) gerade dabei ist, sich für die Pflege aufzuopfern. Sollte allerdings keine Hilfe angenommen werden und der Pflegende zu Kompromissen nicht bereit sein, dann haben die Geschwister schlichtweg kaum Möglichkeiten einzuwirken.

Sollte allerdings der Verdacht aufkommen, dass sich die Pflegesituation der Eltern nicht zu deren Vorteil entwickelt, dann haben die Geschwister immer noch die Möglichkeit, einen gesetzlichen Betreuer einzuschalten. Dies setzt aber voraus, dass die zu Pflegenden nicht mehr selbst über ihre Belange entscheiden können. Dies kann bei einer fortschreitenden Demenzerkrankungen oder einer anderen psychischen Erkrankung eintreten.

Handeln Eltern und pflegende Schwester bzw. Bruder jedoch einvernehmlich, gibt es für die Geschwister kaum Möglichkeiten, eine Veränderung zu bewirken. Es bleibt ihnen nichts anderes übrig, als sich entweder damit zu arrangieren und es zu unterstützen, so weit es eben möglich ist, oder sich zu distanzieren.

Oft gibt es andere Gründe für die Aufopferung

Nicht immer steht die Hilfsbereitschaft einzig und allein im Vordergrund. Denn nicht allzu selten stürzen sich Töchter in die Pflege, um endlich die lang ersehnte Anerkennung des Vaters oder der Mutter zu bekommen. Sie pflegen bis zur völligen Selbstaufgabe, weil sie endlich das Gefühl haben, gebraucht zu werden oder weil sie von einem Helfersyndrom befallen sind.

Dieser Begriff wurde übrigens 1977 von dem Psychoanalytiker Wolfgang Schmidbauer in seinem Buch „Die hilflosen Helfer" beschrieben und ist vor allem in der Pflege oft anzutreffen.

Es beschreibt einen Menschen, der sein Selbstwertgefühl daraus bezieht, anderen zu helfen, selbst aber Hilfe ablehnt und dabei eigene Bedürfnisse und Wünsche vernachlässigt.

> *Wie kann man ein Helfersyndrom erkennen?*
> - Wird jede Unterstützung abgelehnt?
> - Gibt es keine eigenen Wünsche oder Ziele mehr?
> - Wird ungefragt geholfen, ohne dabei auf die Bedürfnisse des Hilfsbedürftigen einzugehen?
> - Spielen Medikamente oder andere Suchtmittel eine Rolle?
> - Ist der Pflegende depressiv?

Die Folgen eines Helfersyndroms sind meist psychische Erkrankungen wie beispielsweise eine Depression. Ein typisches Verhalten des vom Helfersyndrom Betroffenen ist die Vermeidung von Beziehungen zu Nicht-Hilfsbedürftigen.

Meist liegt dem Helfersyndrom ein geringes Selbstwertgefühl zugrunde. Deswegen ist der erste Schritt, um dem Helfersyndrom zu entkommen, die Stärkung des Selbstwertgefühles. Doch das ist nicht so einfach. Dazu müsste vorher die Erkenntnis vorhanden sein, dass das Helfen nur Mittel zum Zweck ist, eben um das Selbstwertgefühl zu stärken.

Wer erkennt, dass hinter der aufopfernden Pflege unter Umständen eigene Bedürfnisse und Interessen stecken, ist schon auf dem besten Weg. Nun müssen andere Wege zur Aufwertung des Selbstwertgefühls gesucht werden.

Je nach Ausprägung empfiehlt sich begleitend eine psychotherapeutische Behandlung, in der die eigenen Wünsche und Ziele erarbeitet werden. Ziel ist, dass sich der Mensch auch wertvoll fühlt, ohne dass er etwas für andere tun muss.

Für Geschwister nahezu unlösbar

Geschwister aus der Ferne haben es in so einem Fall besonders schwer. Einerseits schätzen sie die gute Versorgung der Eltern, andererseits wären sie selbst niemals bereit, ihr Leben für die Pflege aufzugeben. Kritik anzubringen ist auch sehr schwierig, denn Menschen, bei denen das Helfersyndrom stark ausgeprägt ist, sind kaum kritikfähig.

Die Ursache ist meist in der Kindheit zu finden und von außen selten nachvollziehbar. Fehlende Anerkennung oder Bestätigung in der Kindheit können dazu führen, dass der Mensch auch als Erwachsener die Suche nach Sehnsucht nach Zuneigung, Liebe und Anerkennung weiter verfolgt. Aber das gelingt nur sehr oberflächlich.

Bleibt als Lösungsvorschlag das Gespräch mit dem Pflegenden oder dem zu Pflegenden. Sollte das nicht möglich sein, gäbe es auch noch die Möglichkeit, den Hausarzt hinzuzuziehen und ein gemeinsames Gespräch zu führen.

Ansonsten bleibt den Geschwistern nur der Versuch der Unterstützung, in dem Rahmen, in dem es ihnen möglich ist.

Emotionale Verantwortung ist unterschiedlich geprägt
Der Unterschiedlichkeit der Geschwister habe ich schon im 6. Kapitel verdeutlicht. Entsprechend unterschiedlich fällt auch das Verantwortungsgefühl aus.

Fakt ist auch, dass nicht alle Geschwister gleich behandelt wurden und deren Verhältnis zu den Eltern mal enger und mal weniger eng sein kann.

Einer Studie zufolge, die im März 2014 vom WZB (Wissenschaftszentrum Berlin für Sozialforschung) veröffentlicht wurde, pflegen Geschwister ihre Eltern, wenn diese alt und hilfsbedürftig werden, nicht in gleichem Umfang. In 75 Prozent aller Fälle übernimmt ein einzelnes Kind die Pflege. Die Mütter werden in erster Linie von den Töchtern gepflegt. Söhne sind nach wie vor seltener bereit, die Pflegearbeit allein zu leisten. In Familien ohne Töchter teilen sich mehrere Brüder die Pflege häufig untereinander auf.

Warum sich Geschwister unterschiedlich stark bei der Pflege der Eltern engagieren, haben die Forscher mit Hilfe amerikanischer Daten untersucht.

Eine entscheidende Rolle spielt die räumliche Entfernung. Geschwister, die in der Nähe der Eltern wohnen, haben nach den Berechnungen der Forscher ein doppelt so hohes „Risiko", ihre Eltern zu pflegen wie ihre Geschwister, die weiter von diesen entfernt leben. Für Kinder, die mit ihren Eltern in einem gemeinsamen Haushalt wohnen, vervierfacht sich das Risiko nahezu. Geschwister, die berufstätig sind oder eigene Kinder haben, engagieren sich seltener in der Pflege. Für Erstgeborene ist statistisch gesehen das Risiko, die Pflege ihrer Eltern zu übernehmen, fast doppelt so hoch wie für ihre jüngeren Geschwister.

Zudem beeinflussen die Erwartungen der Eltern das Verhalten der Geschwister. Kinder, die von ihren Eltern vor dem Pflegeeintritt als potenzielle Pflegepersonen genannt wurden, haben ein dreimal so hohes Risiko, die Eltern zu pflegen, wie ihre nicht genannten Geschwister. Einen Unterschied macht auch, ob Geschwister finanzielle Unterstützung von ihren Eltern erfahren haben oder erwarten. Für Kinder, die im Gegensatz zu ihren Geschwistern im Testament berücksichtigt sind, verfünffacht sich statistisch das Risiko, die Eltern zu pflegen. (http://www.wzb.eu/de/pressemitteilung/wenn-eltern-hilfe-brauchen)

ANHANG

Die Pflegereform seit dem 1. Januar 2015 – Was ist neu?
Im Mai 2014 hat das Bundeskabinett den Entwurf des Fünften Gesetzes zur Änderung des Elften Buches Sozialgesetzbuch beschlossen.

Pflegeleistungen werden erhöht
Das neue Pflegestärkungsgesetz soll eine höhere Flexibilität in der Pflege zuhause bringen.

Die ambulanten und stationären Leistungen in der Pflege werden im Durchschnitt um ganze vier (!) Prozent erhöht.

Beispiel:
Bei Pflegestufe II steigt der Betrag von 440 auf 458 Euro bzw. für die Pflegesachleistung von 1100 auf 1144 Euro.

Bessere Kombinationsmöglichkeit von Kurzzeit-, Verhinderungs- und Tages- und Nachtpflege
Unterstützungsleistungen wie die Kurzzeit-, Verhinderungs- und Tages- und Nachtpflege sollen ausgebaut und besser miteinander kombiniert werden können. Menschen in der Pflegestufe 0 (v. a. Demenzkranke) erhalten erstmals Anspruch auf Tages-, Nacht- und Kurzzeitpflege.

Personal wird aufgestockt
In den Heimen werden 20 000 weitere Betreuungskräfte finanziert. Bisher sind es rund 25 000.

Mehr Geld für die Betreuung
(Betreuung als Pflegesachleistung)
Gestärkt werden die sogenannten niedrigschwelligen Angebote. Es werden neue zusätzliche Betreuungs- und Entlastungsleistungen eingeführt, etwa für Hilfe im Haushalt oder

Alltagsbegleiter und ehrenamtliche Helfer. Dafür erhalten künftig *alle* Pflegebedürftigen 104 Euro pro Monat. Demenzkranke erhalten 104 bzw. 208 Euro pro Monat. Niedrigschwellige Betreuungs- und Entlastungsangebote können künftig auch anstelle eines Teils der Pflegesachleistung in Anspruch genommen werden (neue „Umwidmungsmöglichkeit" in Höhe von bis zu 40 Prozent des jeweiligen ambulanten Pflegesachleistungsbetrags).

Das können anerkannte Haushalts- und Serviceangebote oder Alltagsbegleiter sein, die bei der Organisation und Bewältigung des Pflegealltags helfen.

Möglich ist damit auch die Bezahlung eines nach Landesrecht anerkannten ehrenamtlichen Helfers, der zum Beispiel einen Besuch auf dem Friedhof oder Arztbesuch begleitet.

Neue Wohnformen werden besser unterstützt

Der Wohngruppenzuschlag, den Pflegebedürftige aus der Pflegeversicherung erhalten, wenn sie eine Pflegekraft in einer ambulant betreuten Wohngruppe mit mindestens drei Pflegebedürftigen beschäftigen, wird künftig auf 205 Euro pro Monat erhöht. Außerdem gibt es eine Anschubfinanzierung (bis zu 2 500 Euro je Pflegebedürftigen, maximal 10 000 Euro insgesamt je Wohngruppe) für die Gründung einer ambulant betreuten Pflege-Wohngruppe, die künftig einfacher in Anspruch genommen werden kann. Diese Leistungen werden auch Personen in der sogenannten Pflegestufe 0 (insbesondere Demenzkranke) zur Verfügung stehen. Auch der Zuschuss für Umbaumaßnahmen wird deutlich aufgestockt, Wohngruppen können bis zu 16 000 Euro erhalten. Das hilft auch den neuen Wohnformen.

Neuer Pflegebedürftigkeitsbegriff

Der Pflegebedürftigkeitsbegriff ist überarbeitet worden, ebenso die Begutachtungssystematik des Medizinischen

Dienstes der Krankenkassen (MDK). Im Moment befindet sich das Verfahren in zwei Modellprojekten in der Erprobung und wird zeigen, ob es alltagstauglich ist.

Das neue System stützt sich auf die Gutachten des Pflegebeirats aus den Jahren 2009 und 2013. Es setzt auf fünf Selbstständigkeitsgrade. Es soll sich stärker an Betreuung und in geringerem Maße am Zeitaufwand für die Körperpflege und Hilfe beim Essen orientieren.

Laut einer Pressemitteilung vom 29. April 2015 will der Bundesgesundheitsminister Hermann Gröhe das Verfahren beschleunigen und hat deshalb bereits jetzt dem GKV Spitzenverband (Gesetzlichen Krankenversicherung) den Auftrag erteilt, die Vorarbeiten für die neuen Begutachtungs-Richtlinien zu starten. Damit will er sicherstellen, dass der neue Pflegebedürftigkeitsbegriff im Jahr 2017 umgesetzt werden kann.

Beitrag zur gesetzlichen Pflegeversicherung

Der Beitrag zur Pflegeversicherung wurde zum 1. Januar 2015 um 0,3 Prozentpunkte erhöht. Sobald der neue Pflegebedürftigkeitsbegriff eingeführt wird, ist eine weitere Erhöhung um 0,2 Prozentpunkte geplant.

Damit können die Leistungen aus der Pflegeversicherung um 20 Prozent verbessert werden.

Verhinderungspflege, Kurzzeitpflege, Tages- und Nachtpflege

Verhinderungs- und Kurzzeitpflege können besser miteinander kombiniert werden. Statt vier Wochen sind seit Januar 2015 bis zu acht Wochen Kurzzeitpflege im Jahr möglich. Dafür können die vier Wochen Verhinderungspflege eingesetzt werden.

Andersherum kann die genannte Verhinderungspflege künftig unter entsprechender Anrechnung auf den Anspruch auf Kurzzeitpflege bis zu sechs Wochen in Anspruch genommen werden statt bisher bis zu vier.

Ab Januar 2015 stehen dazu bis zu 2418 Euro (statt 1550 Euro) jährlich zur Verfügung.

Tages- und Nachtpflege

Wer ambulante Sachleistungen und/oder Pflegegeld bekommt, kann künftig Tages- und Nachtpflege daneben ohne Anrechnung voll in Anspruch nehmen. Damit steht deutlich mehr Geld für Betreuung zur Verfügung. Beispiel: Bisher gab es für die Kombination von Tagespflege und ambulanten Pflegesachleistungen in Pflegestufe III bis zu 2325 Euro. Künftig stehen hierfür bis zu 3224 Euro monatlich zur Verfügung. Auch Demenzkranke profitieren erstmals von dieser Leistung.

Zehn Tage bezahlte Pflegeauszeit

Auch die Vereinbarkeit von Pflege und Beruf wird verbessert. Wer kurzfristig die Pflege eines Angehörigen organisieren muss, etwa nach einem Schlaganfall, erhält künftig eine Lohnersatzleistung für eine zehntägige bezahlte Auszeit vom Beruf, vergleichbar dem Kinderkrankengeld.

Die pflegenden Angehörigen haben Anspruch auf ein Pflegeunterstützungsgeld als Lohnersatzleistung. Der zu pflegende Angehörige muss allerdings die Voraussetzungen einer Pflegebedürftigkeit im Sinne der §§ 14 und 15 SGB XI erfüllen. Das heißt, es muss eine Pflegebedürftigkeit durch eine Stufe nachweisbar sein. Das Pflegeunterstützungsgeld wird auf Antrag, der unverzüglich zu stellen ist, von der Pflegekasse oder dem Versicherungsunternehmen des dem Pflegebedürftigen nahen Angehörigen gewährt.

Durch den Gesetzentwurf werden dafür bis zu 100 Millionen Euro zur Verfügung gestellt. Die Lohnersatzleistung wird in einem separaten Gesetz geregelt, das ebenfalls am 1. Januar 2015 in Kraft getreten ist.

Vollmachten, die Sie haben sollten

Im Alter steigt auch das Risiko, nur noch eingeschränkt oder gar nicht mehr entscheidungs- und handlungsfähig zu sein. Um auch dann im Interesse des Betroffenen handeln zu können, ist es sinnvoll, vorab einiges mittels Vollmachten und Verfügungen festzulegen.

Dazu unterschiedet man zwischen
- Vorsorgevollmacht
- Betreuungsverfügung
- Patientenverfügung

Patientenverfügung frühzeitig verfassen

Mit einer Patientenverfügung legen Sie fest, welche medizinischen Eingriffe Sie wünschen und wann Sie lebensverlängernde Behandlungen ablehnen.

Wer keine Patientenverfügung angefertigt hat, muss damit rechnen, dass Entscheidungen getroffen werden, die unter Umständen nicht in seinem Sinne sind.

Legen Sie fest, welche Therapien und Maßnahmen Sie für sich wünschen. Sprechen Sie auch rechtzeitig mit Ihren Eltern darüber. Sicher kein einfacher Schritt, denn es setzt voraus, dass jeder, der eine Patientenverfügung verfasst, sich mit seinem eigenen Leben und dem eigenen Tod auseinandersetzen muss.

Lassen Sie sich dazu beraten, denn allgemeine Formulierungen haben wenig Sinn. Sie müssen genau festlegen, welche konkrete Handlungen Sie bei bestimmten Diagnosen in den Vordergrund stellen. Sehr gute Unterstützung erhalten Sie beim Humanistischen Verband Deutschlands (HVD) Bundeszentralstelle Patientenverfügung
10179 Berlin, Wallstraße 65, Telefon: 030 613904-11, -12
Homepage: http://www.patientenverfuegung.de/

Oder auch auf der Seite des Bundesministerium für Justiz und Verbraucherschutz.

Betreuungsverfügung
(wenn das Betreuungsgericht eingeschaltet wird)

Sollte keine Vorsorgevollmacht vorhanden und jemand durch Unfall oder Krankheit nicht mehr selbst in der Lage sein, persönliche Angelegenheiten zu regeln, dann entscheidet das im Einzelfall das Betreuungsgericht.

Im Unterschied zur Vorsorgevollmacht werden in der Betreuungsverfügung jedoch KEINE rechtlich verbindlichen Vollmachten ausgestellt, da es sich nur um eine Verfügung handelt.

> *Das bedeutet: Das Betreuungsgericht bleibt oberste Kontrollinstanz über die zu regelnden Angelegenheiten.*

Auch die Betreuungsverfügung muss schriftlich verfasst sein und regelt Angelegenheiten bei ärztlichen Eingriffen und Behandlungen, Bestimmung des Aufenthaltsorts sowie Organisation der Pflege. Ebenso alle Wohnraumangelegenheiten, Heimsuche und Vertragsabschluss bis hin zu den Bankgeschäften.

Mehr Informationen in Form einer Broschüre oder auch als Formularvorlage finden Sie auf der Website vom Bundesministerium der Justiz http://www.bmjv.de unter dem Menüpunkt SERVICE – *Betreuungsrecht*.

Vorsorgevollmacht

In einer Vorsorgevollmacht regeln Sie, wer die Person Ihres Vertrauens ist und bevollmächtigen diese, Sie in den von Ihnen festgelegten Angelegenheiten zu vertreten.

Diese Vollmacht soll dazu dienen, dass bei Bedarf nicht seitens des Gerichts eine Betreuung festgelegt wird. Dies kann der Fall sein, wenn jemand durch eine Krankheit oder einem Unfall nicht mehr in der Lage ist, seine Angelegenheiten selbst zu regeln.

Wer von sich aus mit einer Vollmacht vorsorgt, braucht nicht zu fürchten, dass der Staat dies festlegt.

Wer ganz sicher gehen will, dass diese Vollmacht auch entsprechende Durchsetzungskraft hat, lässt diese sicherheitshalber notariell beglaubigen.

Sie müssen sich auch nicht auf eine Person festlegen. Es können auch mehrere Personen mit unterschiedlichen Aufgaben wie beispielswiese die Vertretung von Vermögensangelegenheiten, die Organisation der Wohnsituation oder die Auswahl eines Pflegeheims bevollmächtigt werden.

Dabei muss es nicht zwingend ein kompetenter Angehöriger sein. In Betracht kommen auch Anwälte oder Vereins- oder Berufsbetreuer.

Sollten Sie Bedenken haben, dass eine Vollmacht zu früh angewandt werden könnte, gibt es auch die Möglichkeit, diese auch beim Hausarzt zu hinterlegen.

Die Aussagen in der Vorsorgevollmacht sollten von Zeit zu Zeit auf ihre Gültigkeit und Aktualität überprüft sowie etwaige Änderungen durch die Unterschrift eines Zeugen mit aktuellem Datum bestätigt werden.

Eine Vorlage dazu finden Sie auf der Website vom Bundesministerium der Justiz http://www.bmjv.de unter dem Menüpunkt SERVICE.

Vollmachten zentral hinterlegen

Außerdem können Vorsorgevollmachten, Betreuungsverfügungen sowie auch Patientenverfügungen in einem zentralen Vorsorgeregister der Bundesnotarkammer eingetragen werden. (www.vorsorgeregister.de)

Mit diesem Registersystem sorgt der Gesetzgeber dafür, dass Ihre Vorsorgeurkunde im Betreuungsfall bzw. Vollmachten auch gefunden werden. Beispielsweise haben 2,1 Millionen Bürgerinnen und Bürger ihre Vorsorgeurkunde bereits im Zentralen Vorsorgeregister registriert.

Mehr als 20 000 Registerabfragen werden jeden Monat bei der Bundesnotarkammer aus ganz Deutschland vorgenommen, die meisten elektronisch mit sofortiger Auskunft. Informationen über Vorsorgevollmachten und Betreuungsverfügungen werden gespeichert, um unnötige gesetzliche Betreuungen zu vermeiden.

Zu beachten gilt allerdings:

„Das Register verwahrt hingegen nicht das Schriftstück, in welchem die Vorsorgeurkunde erklärt wurde. Dies wäre auch insbesondere bei Vorsorgevollmachten problematisch: Die Vertrauensperson muss ja gerade in Besitz des Schriftstückes sein, um sich gegenüber Ärzten, Behörden oder Banken ausweisen zu können. Bitte senden Sie daher keine Vorsorgeurkunden an die Bundesnotarkammer.

Die Registrierung im Zentralen Vorsorgeregister ersetzt nicht die Erteilung der Vollmacht. Weil Vorsorgeurkunden schwierige Rechtsfragen aufwerfen und weitreichende Folgen haben, empfehlen wir Ihnen, sich an einen Notar / eine Notarin oder einen Rechtsanwalt / eine Rechtsanwältin zu wenden. In vielen Fällen ist die Vollmacht nur wirksam, wenn sie in notarieller Form abgefasst wurde. Insbesondere raten wir davon ab, Formulare aus dem Internet zu verwenden: Sie sind häufig veraltet, entsprechen nicht aktuellen juristischen Standards und können die erforderliche qualifizierte Beratung nicht ersetzen."

(Zitat auf www.vorsorgeregister.de)

ADRESSEN FÜR PFLEGENDE ANGEHÖRIGE

Zentrale Fachstelle für pflegende Angehörige
Bayernweit gibt es derzeit 108 Fachstellen für pflegende Angehörige. Eine Adresse in Ihrer Nähe finden Sie auf der Website des Bayerischen Ministeriums für Arbeit und Sozialordnung, Familie und Frauen
Internet: www.stmas.bayern.de
Telefon: 089 / 1261-01

Pflege in Not
Beratungs- und Beschwerdestelle
bei Konflikten und Gewalt in der Pflege
Telefon 030 / 695 989 89; www.pflege-in-not.de
Telefonseelsorge: 0800 / 111 0111 oder 0800 / 111 0222 (kostenfrei)

Handeln statt Misshandeln
Bonner Initiative gegen Gewalt im Alter e.V.
HsM-Geschäftsstelle
Goethealle 51
53225 Bonn-Beuel
Telefon 0228 / 63 63 22; Mail: info@hsm-bonn.de
Die Bonner Initiative gegen Gewalt im Alter – Handeln statt Misshandeln e.V. (HsM) ist eine gemeinnützige und unabhängige Notruf-, Beratungs- und Informationsstelle für alte Menschen und deren Angehörige, in der Altenarbeit, Gerontopsychiatrie und Geriatrie Tätige, Behörden und kommunale Einrichtungen

Sozialverband VdK Deutschland
Mit der Kampagne „Pflegen geht jeden an" will der VdK verstärkt auf die Probleme in der Pflege aufmerksam machen. Auf der eigens dazu eingerichteten Website findet der Besucher Information und Broschüren rund um die Pflege.
www.pflegen-geht-jeden-an.de
Tel.: 0228 / 820 93-0
Internet: www.vdk.de

Unabhängige Patientenberatung
Telefon 0800 / 011 77 22
Internet: www.upd-online.de

Bundesministerium für Gesundheit
Telefon 030 / 340 60 66-02
Internet: www.bmg.bund.de

Deutsche Alzheimer-Gesellschaft e.V.
Telefon 01803 / 17 10 17 (9 Cent/Min) oder unter
030 / 259 37 95-14
Internet: www.deutsche-alzheimer.de
Information rund um die verschiedenen Demenzerkrankungen; Tipps und Adressen
Mittlerweile gibt es ein bundesweites Netz von Selbsthilfegruppen für pflegende Angehörige von Demenzkranken. Die Kontaktadressen erhalten Sie ebenfalls bei der Deutschen Alzheimer-Gesellschaft.

Pflegeheimsuche
www.aok-pflegeheimnavigator.de

Telefonische Pflegeberatung kostenlos von der AWO
Kostenlose Telefonnummer: 0800 / 60 70 110
Die AWO vermittelt Ihnen den Rückruf eines Experten aus Ihrer Nähe, der Ihre Fragen individuell und kompetent beantwortet. Alle Auskünfte sind anbieterneutral, gebührenfrei und nicht verpflichtend.
http://www.awo-pflegeberatung.de

Pflegeberatung online
Die drei Pflegekassen Barmer GEK Pflegekasse, die DAK-Gesundheit-Pflegekasse und die TK-Pflegeversicherung ermöglichen auf der Grundlage des § 45 SGB XI allen gesetzlich versicherten pflegenden Angehörigen die Nutzung dieser persönlichen Online-Beratung. Die Nutzung der persönlichen Online-Beratung ist kostenfrei. Zur Beratung anmelden können sich pflegende Angehörige, die bei einer gesetzlichen Krankenkasse versichert sind.
www.pflegen-und-leben.de

ADRESSEN IN ÖSTERREICH

Bundessozialamt Österreich
Information zu Pflege und Pflegegeld. Pflegende Angehörige erhalten Vergünstigungen, die beim Bundessozialamt beantragt werden können.
Infos unter www.bundessozialamt.gv.at
Telefon österreichweit zum Ortstarif 05 / 99 88

Caritas Österreich
Auf der Webseite www.caritas.at unter der Rubrik „Pflege" gibt es eine interessante Broschüre für pflegende Angehörige in Österreich. Darin befinden sich alle Informationen unter anderem zur Pflegestufe, Vertretung, Patientenverfügung usw.
Online-Beratung und Diskussionsforum für pflegende Angehörige unter: www.netzwerkpflege.at (n@tzwerk pflege)

Interessengemeinschaft pflegender Angehöriger
Die Interessengemeinschaft setzt sich österreichweit für die Anliegen von Angehörigen, die ihre Familienmitglieder oder andere nahestehende Personen daheim oder in stationären Einrichtungen betreuen und begleiten, ein.
Als gemeinnütziger Verein vertritt sie die Interessen von pflegenden Angehörigen in ganz Österreich mit Sitz in Wien.
Voraussetzungen: Nutzung der Informationen im Internet gratis. Mitgliedschaft für Einzelpersonen Euro 20,- pro Jahr.
Informationen Wiedner Hauptstraße 32, 1040 Wien,
Telefon 01 / 58 900 DW 328,
E-Mail: office@ig-pflege.at, Internet: http://www.ig-pflege.at

Pflegetelefon – Beratung für Pflegende und Plattform für pflegende Angehörige

Die Plattform für pflegende Angehörige sind Beratungsangebote des Bundesministeriums für Arbeit, Soziales und Konsumentenschutz. Das Pflegetelefon – Beratung für Pflegende kann unter der Nummer 0800 / 20 16 22 gebührenfrei und vertraulich in Anspruch genommen werden. Oder im Internet unter www.pflegedaheim.at

ADRESSEN IN DER SCHWEIZ

Zia info
Ein Projekt der interkantonalen Spitex Stiftung Wilen. Zia Info vermittelt Adressen und stellt auf der Webseite hilfreiche Informationen für pflegende Angehörige zur Verfügung.
Die elektronischen Suchfunktionen von Zia Info ermöglichen pflegenden Angehörigen, Spitex-Diensten, Sozialbehörden in den Gemeinden und Spitälern usw. Zugriff auf die zentrale und neutrale Datenbank mit 4500 Adressen kompetenter und qualifizierter Beratungsstellen und Dienstleistungen aus der gesamten Deutschschweiz.
Darüber hinaus geben Fachkräfte aus Gerontologie, Pflege und Gesundheitsberatung auch telefonisch Auskunft. Sie sind erreichbar Montag bis Freitag von 16 bis 19 Uhr unter Infotelefon: 041 / 666 73 73
Internet: www.zia-info.ch

Spitex Verband Schweiz
Die Non-Profit-Spitex betreibt flächendeckend übers ganze Land verteilt ein Netz an Stützpunkten für Hilfe und Pflege zu Hause. Die Adressen der lokalen Spitex-Organisationen sind auf der Website zu finden oder telefonisch zu erfragen. Spitex bedeutet spitalexterne Hilfe, Gesundheits- und Krankenpflege, das heißt Hilfe, Pflege und Beratung außerhalb des Spitals oder Heims, bei den Betroffenen zu Hause.
www.spitex.ch; Sulgenauweg 38; 3000 Bern 23;
Telefon 031 / 381 22 81; Fax 031 / 381 22 28

Schweizerische Alzheimervereinigung
Auf der Website sind Angebote zur Unterstützung und Entlastung für betreuende Angehörige von Menschen mit Demenz zu finden. Zusätzlich erhält man eine Reihe von kostenlosen und interessanten Infoblättern und Broschüren in der Infothek.
Es gibt auch ein Alzheimer-Telefon 024 / 426 06 06. Dort werden Fragen rund um das Thema Alzheimer und Demenz beantwortet. Das Alzheimer-Telefon ist besetzt von Montag bis Freitag, jeweils von 8-12 und von 14-17 Uhr. Die Beraterinnen sprechen Deutsch, Französisch und Italienisch. Die Beratung ist auf Wunsch anonym. Auch in den Anlaufstellen der kantonalen Sektionen der Alzheimervereinigung stehen Ansprechpartner für persönliche Beratung zur Verfügung.

Schweizerisches Rotes Kreuz
Es bietet Entlastungsangebote für pflegende Angehörige. Welche Angebote in der einzelnen Region zu finden sind, kann man im Internet abfragen unter www.redcross.ch oder telefonisch erfragen bei der Hauptadresse in Bern:
Schweizerisches Rotes Kreuz; Rainmattstrasse 10; CH-3001 Bern; Telefon 031 / 387 71 11.

DANKE

Gleich zu Beginn möchte ich mich bei den vielen Leserinnen und Lesern, die mir geschrieben haben oder meine Lesungen besucht haben, bedanken. Viele von ihnen haben mir ihre Geschichte erzählt oder geschrieben. Sie waren Anstoß und Inspiration für dieses Buch. Ich danke Ihnen allen für Ihr Vertrauen!

Ebenso Mut gemacht hat mir meine Agentin Petra Hermanns, die immer mit großer Neugier und Leidenschaft an ein Thema herangeht und mir stets mit Rat und Tat zur Seite steht. Vielen Dank!

Ein großes Dankeschön an meinen Lektor, Dr. German Neundorfer. Er hat sofort die Wichtigkeit des Buches erkannt, mich wunderbar unterstützt und dem Manuskript den letzten Schliff gegeben.

Vielen Dank auch für den sehr netten Kontakt mit Heike Schaal, die bereitwillig Auskunft zum Thema „Senioren in Gastfamilien" gegeben hat. Sie ist Geschäftsführerin des Vereins Herbstzeit und engagiert sich für pflegebedürftige Senioren in Gastfamilien.

Mein Dank gilt auch Herrn Prof. Dr. Manfred Langehennig, der sich die Zeit genommen hat, mir ausführlich in einer Mail seine Sicht zu dem Thema „Männer in der Pflege" darzulegen.

Nicht zu vergessen Diana Wagner. Sie leitet die Fachstelle für pflegende Angehörige im Landkreis Bad Tölz und hat mir interessante Hinweise gegeben.

Und zu guter Letzt nicht zu vergessen meine Familie und Freunde, die immer bereit sind, meine Texte zu lesen und mir sehr wertvolle Rückmeldungen geben. Vielen Dank euch allen!